일본어
원서이해

일본어 원서 이해

한국외국어대학교 일본학술도서편찬위원회

HU:iNE

머리말

이번에 개정 출판하게 된 『일본어원서이해』와 『일본명문감상』은 본 대학에서 교재로 사용하는 『현대일본어 첫걸음』에 이어 중급 수준의 일본어를 학습할 수 있도록 편찬한 교재이다.

이 책은 일본의 수필, 평론, 소설, 시, 희곡에 이르기까지 다양한 장르의 문장을 모아 엮었는데, 『일본어원서이해』에는 언어·사회와 관련된 내용을 담았고 『일본명문감상』에는 주로 문학과 문화 관련 내용을 담아, 두 교재가 서로 짝을 이루면서 보완적인 역할을 하도록 하였다.

따라서 일본어 학습자들이 초급 단계의 어법 및 어휘 문형을 이해한 후에 여러 가지 다양한 장르의 현대어 문장을 접함으로써, 어떠한 문장을 대하더라도 독해할 수 있는 능력을 키울 수 있게 될 것이다.

각 과에서는 본문과 함께 작자 소개, 한자 읽기, 문형 연습, 숙어 등을 정리하여 효율적인 학습과 지도에 편의를 꾀하고자 하였다.

본 일본학술도서편찬위원회에서는 나름대로 최선을 다해 적절한 문장을 선택하고 배열, 정리하였으나 그래도 부족한 점이 남아 있을 것으로 생각된다. 이 책을 사용하시는 분들의 많은 조언을 기대해 마지않는다.

끝으로 책이 나오기까지 노고를 아끼지 않으신 여러분들에게 감사를 드리며, 이 책을 사용하는 학습자들에게 많은 발전이 있기를 바란다.

2013년 2월

편찬위원 일동

차 례

第一課

orangeはオレンジとは限らない

鈴木孝夫

茶色の車

今から十年以上も前の一月初め、私はイェール大学の言語学部で半年の間、「日本語と日本文化」の大学院セミナーを担当するために、米国コネチカット州のニュー・ヘイヴンに赴いた。

当時の北米は百年来の大寒波襲来とかで、その日も猛烈な吹雪だった。ホテルから目と鼻の先にある大学に行くにしても、歩けたものではない。そこでエイヴィス・レンタカーに電話をして車を頼むと、十分ほどでオレンジ色の小型車が迎えに行くから、すっかり身仕度をして、ホテルの入口で待っていてくれとのことだった。

私はいつでも飛び出せるようにと、ガラス戸越しに、次々と玄関前に止まっては出て行く車を見守っていたが、約束の十分を大分過ぎても、それらしき車は一向に現われない。二十分近くなったとき、ハッと気がついた。さきほどから、少し離れたところに茶色の車が停まっていて、一人の男がこちらを窺うように見ているのだ。これだと思い、駆けよって行くと、果たしてそれが私のレンタカーだった。長く待たされて見るからに不機嫌そうなその男に、オレンジ色の車が来ると言われていたので判らなかったと言うと、男は平然として、この車はorangeだよ、と答えたのである。

途端に私は「あっ、そうだったのか」と、驚くより何とも嬉しかった。またもや英語の隠れた秘密の一つが解けたからである。私の目にはどう見ても茶色としか形容しようのないこの色が、どうも英語ではorangeの範囲に含まれているらしい。

色見本を回覧して

数日後、私はその車の製造会社に手紙を出して、すべての車の色見本を送ってもらった。やはり私が借りた車の色は、tawny orange(黄褐色に近い茶色)と呼ばれるオレンジ色の一種となっていたのである。

後日帰国した私は、ある大学で講演を頼まれたとき、集まった百人ばかりの先生方に、名称の部分を隠したこの色見本を回覧して、何色と思うかを書いて欲しいとお願いした。

茶色、赤土色、渋色、褐色、チョコレート色、ココア、セピア、レンガ色、コーヒー色、そしてブラウンなど、各種各様の回答が出て来たが、オレンジ色というのは一つもなかった。

その後も私はこの色見本を使って、何度か同じ実験を試みたが、オレンジという答えには、ただの一度も出会っていない。問題のこの色をオレンジとは見ないことは、私一人の個人的な偏向ではなく、日本人一般の色彩分類の傾向を示していることが、これで明らかとなったわけである。

私の誤解

日本語のオレンジ(色)ということばは、いうまでもなく英語のorangeに由来する。ことばとしてのオレンジだけではなく、今では実物も果物屋の店先で普通に見かける。従ってその意味内容について、誤解など起こるはずもない、極めて易しい語だといえよう。

しかも私は長年にわたって英語を専門に研究しているし、これまで何度も英語国に滞在して、袋一杯のオレンジをマーケットから毎週のように買って来るという経験も持っている。その私が、このような思わぬことから、実は英語のorangeということばの意味を、正しくは把握していなかったことを知る破目になったのである。英語の形容詞としてのorangeを、日本語のオレンジと同じだと思い、その意味に引かれて誤解していたことになる。

ところで、さきに私が、どう見ても茶色としか言いようのない車を、アメリカ人にオレンジだよと言われたとき、驚くよりも、非常に嬉しかったと書いたのには、次のようなわけがあったのである。

「オレンジ色の猫」

この事件より大分前のある日のこと、家内がアガサ・クリスティの*The Clocks*『沢山の時計』を持って来て、これはどう訳すのかと次の文章を示したことがある。

I looked up at the numbers I was passing. 24, 23, 22, 21. Diana Lodge (presumably 20, with an orange cat on the gate post washing its face), 19 ......

「家々の前を通りすぎながら番号を24, 23, 22, 21と順々に見上げて、20号とおぼしきダイアナ・ロッジ――その門柱の上ではオレンジ色の猫が顔を手で洗っていた――も過ぎて、19と来ると……」と訳してみて、私も《オレンジ色の猫》とは何のことだろうと考え込んでしまったのである。

英国は人も知る巧みな家畜改良技術を誇る国だから、想像も出来ないような色や形の犬や猫がいてもおかしくない。そこで第一の解答として、orange catとは正に文字通りオレンジ色の猫だと考えてみる。そういう珍しい派手な色の猫がイギリスには実際にいるのだ、と。

しかし、どうあっても《オレンジ色の猫》とは『不思議の国のアリス』にでも出て来そうな感じで、本当かなと自信がなかった。

第二の答は、これは本物の猫ではなく、陶器かセメントで作った猫の置物で、オレンジ色に着色してあるのでは、というもの。しかし、これは落着いたイギリスの住宅地の雰囲気に似合いそうもないし、猫の形をした門飾りというのも、何やらお稲荷さんの狐じみていて、おかしい。その上、原文はどうしても生きた猫の描写としかとれない。

第三の可能性として考えたことは、orangeという言葉が、私たちの理解している意味とは違って使われているのだということ。つまり何か別の色、たとえば三毛猫の赤茶の部分のような色に当るのではないだろうか、などと言ってみたが、全く自信がなかった。いろいろと英語の辞書を調べても、何も書いてない。結局、よく分からないというのが結論だった。

このとき私たちは、頭の中で日本語の《オレンジ色》にこだわっていたため、どうしても、猫とオレンジが結びつかなかったのだ。

鈴木孝夫「Orangeはオレンジとは限らない」『日本語と外国語』
(岩波新書, 1990)一部引用

✿ 作者: 鈴木孝夫(すずきたかお) (1926～)

言語学者、評論家。慶応義塾大学名誉教授。『ことばと文化』(1973)など。

漢字の読み方

担当(たんとう)	赴く(おもむ)	襲来(しゅうらい)	猛烈(もうれつ)
吹雪(ふぶき)	身仕度(みじたく)	大分(だいぶ)	窺う(うかが)
不機嫌だ(ふきげん)	平然(へいぜん)	途端(とたん)	色見本(いろみほん)
黄褐色(おうかっしょく)	名称(めいしょう)	赤土色(あかつちいろ)	渋色(しぶいろ)
褐色(かっしょく)	各種各様(かくしゅかくよう)	偏向(へんこう)	色彩(しきさい)
誤解(ごかい)	実物(じつぶつ)	果物屋(くだものや)	店先(みせさき)
滞在(たいざい)	把握(はあく)	破目(はめ)	門柱(もんちゅう)
巧みだ(たく)	誇る(ほこ)	派手だ(はで)	陶器(とうき)
落着く(おちつ)	門飾り(もんかざ)	お稲荷さん(いなり)	三毛猫(みけねこ)

文型

(1) ホテルから目と鼻の先にある大学に行くにしても、歩けたものではない。

- 政治家の公約なんか信じられたものではない。
- 母の作った料理はまずくて食べられたもんじゃない。
- こんな下手な演奏など、とても人に聞かせられたものではない。

(2) 従ってその意味内容について、誤解など起こるはずもない、極めて易しい語だといえよう。

- 円高が進んでいる。したがって、留学生の生活は圧迫されている。
- 大都市に人口が集中している。したがって、どこの国でも大都市の土地の値段は地方に比べて高い。

・経済成長の速い開発途上地域では、環境汚染や環境破壊も速いスピードで進んでいる。したがって、先進国はそのような地域に対して、環境を守るために資金、技術面での援助をする必要がある。

(3) しかも私は長年にわたって英語を専門に研究しているし、これまで何度も英語国に滞在して、袋一杯のオレンジをマーケットから毎週のように買って来るという経験も持っている。

・彼の成功は長年にわたって努力を続けた結果である。
・彼は結婚式のスピーチで長時間にわたって話し続け、出席者のひんしゅくを買った。
・その報告書は300ページにわたる膨大なものであった。
・その絵には筆者の長年にわたるヨーロッパでの生活の影響がよく表れている。

熟語

目と鼻の先　　気がつく　　破目になる

第二課

母の写真

吉永みち子

ここ数ヵ月で、仕事に出かける時の出かけ方が変わった。

それまではほとんど同居に近かった母が、バタバタと忙しく家中を駆け回っている私をとっつかまえて、むりやりお茶を飲ませた。母は出かけにお茶を飲むと難を逃れると固く信じていて、いよいよ時間に間に合わなくて飲まない時など帰るまで心配していた。

「今日は大変なのかい」

「何時頃に帰れるんだい」

「身体壊さないようにね」

「少しはのんびりできないのかね」

私の背中を追いかけながら、いつもいつもこんなふうに問いかけていた。

思えば、中学の頃、学校やアルバイトに出かける私の背中にも母のこんな声が飛んでいたような覚えがあるから、三十年ぐらい母は私にずっとこう言い続けていたことになる。

そして、それに対する私の答えはいつだって「うん」「わかんないよ」「わかったわかった」と、素っ気ないものだった。

それが、今は私が母に話しかける。

「今日はさ、すごく忙しいんだよ」

「夜中過ぎちゃうかもなあ」

「何だか頭がボーッとしちゃって。疲れすぎちゃってんのかもね。来月こそ、少し余裕持ちたいよ」

しかし、母親はもうウンともスンとも答えてくれない。私が話しかけているのは母の背中ではなく母の写真だからだ。

母は昨秋、突然に死んでしまった。

元気に孫の運動会を見にきて、その足で自分の妹や弟夫婦と二泊三日の旅に出て、そのまま帰ってこなかった。

父親とは九歳の時に早々死に別れたが、うかつなことに旅先の病院に駆けつけるまで母と別れるなんてことは考えてもいなかった。考える余裕がないほど母とは密着していた。

実は生まれて四十二年、母親と離れて住んだことがなかった。父が私という肩代わりを残してさっさと消えてしまってから、母ひとり子ひとり、りえとりえママ①の倍にあたる月日を常に一緒に生きてきた。

りえママのようなたくましさがなかった母は、夫を失った不安と心細さを娘である私にグチることで、そこから立ち直ろうとした。

「まったく神も仏もないね。ウチみたいに困っている家の瓦を台風に吹き飛ばさせるなんて。お前どうしたらいいと思う？」

最後は私に決断を求める。小学生の私は、あわてて飛んだ瓦を拾いに走り、それが使えないとわかると剥げた屋根にビニールを貼る方法を真剣に考えたものだ。

当時はまだ、母子家庭というと就職の際にさしさわるといった雰囲気があり、母は神経質なまでに世間の目というものを気にした。父親のいない家という母の負い目を消す一番効果的な方法は、父親のいる家の子を私が負かしてみせることだった。残念ながらりえちゃんのような美貌に恵まれなかった私は、勉強で一等賞をとるしか術がなかった。

試験も通信簿も卒業証書もすべて、母を喜ばせ、これでしばらく平穏に暮らせるための給料袋のようなものであった。中身が少しでも多く入っていると機嫌がよかったし、じわじわと成績があがると背筋がのびた。

やがて私が就職するようになると、いよいよ母の妻の部分は拡大し、朝早く起きてせっせと朝御飯を作り、何時に帰るかを毎朝聞いて、その時間に食べ頃になるように夕食を整えてくれる。

たまに時間通りに帰らないと、会社に電話がかかり、数時間遅れの深夜の食卓は何度も焼き直して真っ黒けのコチコチになった魚がわずかな煙を出していた。

当時の私は「メシ、フロ、ネル」の“ダメ夫”だったにもかかわらず、後に母はその頃のことを水いらずの日々だったとなつかしがった。母にとっては、私が母だけのものであった蜜月時代だったのだろう。しかし、私が結婚したことで母の蜜月は終わって、私は母の夫の役割を継続しつつ妻や母をやるというはなれわざをしなければならないハメになった。

まったく因果な母娘であった。母と妻が交互に顔を出す母親と、娘役と母の夫役の間でヒーコラ言っている私と、愛と憎が戸板返しのような毎日だったような気がする。

母のような大人になりたくないと思い始めたのは、まだ中学生の頃だったと思う。

私が自分のしたいことをすると世間体が悪いと怒るのに、私がアルバイトをするとすまないねと小さくなる母が何だか悲しくていやで、私が一番不機嫌になるのは「お母さんに似ているね」といわれた時だった。

母と違う生き方をしたくて、ずっと母と闘ってきたような気がする。それでいて、離れる勇気も放す勇気もお互いになかった。

母に似てると誰にも言われなくなったら、母に似ていると思える部分が自分の中にたくさんあることに気がついた。私がずっと苦戦していたのは、母の影ではなく実は自分自身の影だったのかもしれないなあと思う。

私の中の認めたくない部分を、母に映してそこを嫌悪し、勝手に屈折していたのかもしれないと思う。母がいなくなって、いろいろなものが全部自分の中に映し出され、母への感情がシンプルな娘のものになった。

ずいぶん前に、子供は親の影と戦いながら親と逆の生き方をするか、抵抗しつつ同じ生き方をするかどちらかだというような説を読んだ覚えがある。親のいいところだけ取るという都合のいい道はないらしい。

自分に対してはいよいよ気が重いが、写真の母には素直になった。

写真は笑っている。旅先から家に連れて帰り、必死で笑っている写真を捜したのだ。これからも親の影を背負って生きていかなければならないだろう私を、せめて笑ってみていてほしかったからである。

吉永みち子『母の写真』
(『青春と読書』, 1994年3月号)

✿ 作者: 吉永(よしなが)みち子(こ) (1950～)

ノンフィクション作家、新聞記者。埼玉県川口市生れ。『気がつけば騎手の女房』など。

注

① りえとりえママ: 女優宮沢りえと宮沢りえの母のこと。親子ともに美貌の持ち主として知られている。

漢字の読み方

同居（どうきょ）	家中（いえじゅう）	難（なん）を逃（のが）れる	身体（からだ）
素（そ）っ気（け）ない	昨秋（さくしゅう）	肩代（かたが）わり	瓦（かわら）
剥（は）げる	世間（せけん）	負（ま）かす	美貌（びぼう）
術（すべ）	通信簿（つうしんぼ）	平穏（へいおん）	背筋（せすじ）
真（ま）っ黒（くろ）け	蜜月（みつげつ）	因果（いんが）	母娘（おやこ）
憎（ぞう）	戸板返（といたがえ）し	世間体（せけんてい）	闘（たたか）う
苦戦（くせん）	嫌悪（けんお）	屈折（くっせつ）	感情（かんじょう）
都合（つごう）	素直（すなお）		

文型

(1) 母にとっては、私が母だけのものであった蜜月時代だったのだろう。

・自分にとって非常におもしろいことが他の人にとっては全然おもしろくないということはよくある。

・すべての国民にとって満足のいく政治をするということは不可能だ。

・皮肉を言っても、それが皮肉だと感じない人にとって、それは皮肉ではない。

・歴史家は、自分にとって意味のある事実を果てしない事実の大海から選びだすのだ。
・これからの人類にとって重要なことは、一国レベルでの狭い意識ではなく、同じ地球という星に住む共同体の住人としての意識である。

(2) 自分<u>に対して</u>はいよいよ気が重いが、写真の母には素直になった。
・自分に対して厳しい人間は、他人に対しても厳しくなることが多い。
・人は不滅のものに対してあこがれを持つ。
・他の人に対する思いやりを忘れてはいけない。
・最近は、目上の人に対して敬語を使わない若者が珍しくない。
・他の人の意見を聞く耳を持たない人に対して、どんなに助言をしても効果がない。

熟語

ウンともスンとも　　水いらず　　都合がいい

第三課

習慣とことば

野元菊雄

言語というものは、一定の社会集団の中に通じる習慣的体系の一つです。人間の伝達行動において、言語行動と非言語行動との境界線はなかなか決めがたいところがあります。ですから、ここではなるべく広くとって述べることにします。

これについて、わたしはいくつかの文章を書いてきました。これらも一部は取り入れて考えてみましょう。

礼儀作法というものは、社会的な習慣です。ですから、社会が違えば、その基準も当然違ってきます。

たとえば、スープを飲むとき、ズルズルと音を立ててはいけない、というのは西欧の作法です。日本からの団体旅行の人たちが、食堂で食事をしていると、スープを飲む音がやたらに高く響いて案内をする人が恥ずかしく思う、ということはよく聞くところです。スープは西欧では飲むものではなく食べるものだといっています。スプーンを顔の向きに対して直角に向けて口に入れる西欧のやり方は、おそらくすすらずに「食べる」ためのものでしょう。

> 朝、食堂でスウプを一さじ、すつと吸つてお母さまが、
> 「あ。」
> と幽かな叫び声をお挙げになつた。

ではじまる太宰治「斜陽」ではスープを「吸う」とはありますが、少し長く引用させてもらいますと、もう少し後ろの方に、

> スウプのいただきかたにしても、私たちなら、お皿の上にすこしうつむき、さうしてスプウンを横に持つてスウプを掬ひ、スプウンを横にしたまま口元に運んでいただくのだけれども、お母さまは左手のお指を軽くテーブルの縁にかけて、上体をかがめる事も無く、お顔をしやんと挙げて、お皿をろくに見もせずスプウンを横にしてさつと掬つて、それから、燕のやうに、とでも形容したいくらゐに軽く鮮やかにスプウンをお口と直角になるやうに持ち運んで、スプウンの尖端から、スウプをお唇のあひだに流し込むのである。さうして、無心さうにあちこち傍見などなさりながら、ひらりひらりと、まるで小さな翼のやうにスプウンをあつかひ、スウプを一適もおこぼしになる事も無いし、吸ふ音もお皿の音も、ちつともお立てにならぬのだ。それは所謂正式礼法にかなつたいただき方では無いかも知れないけれども、私の目には、とても可愛らしく、それこそほんものみたいに見える。また、事実、お飲み物は、うつむいてスプウンの横から吸ふよりは、ゆつたり上半身を起して、スプウンの尖端からお口に流し込むやうにしていただいたはうが、不思議なくらゐにおいしいものだ。・・・・・・

とあります。太宰は正式礼法にかなっていないかもしれない、とは書いていますが、これはおそらく天衣無縫的ではありましょうが、育ちのよさからくる身についたテーブル・マナーであることを述べたものでしょう。

ところが、日本では、音を立てることはそれほど無作法ではない。ある日本人が、イギリスで、日本との違いを述べるのに、日本ではお客に行ったとき出てきたご馳走が美味であることを示すためにわざと音を立てて飲食することを説明した、というのを見たことがありますが、どうもこの話の内容はわたしには事実とは思えません。やはりわざと音を立てるのはいけないのではないかと思います。けれども、たとえば、そばなどは、やはりツルツルという音がいかにもうまそうな感じを与えるのも事実でしょう。そばなどはまずどうしても音が出てしまうもので、これはこれでかまわないような気がします。

郷に入っては郷に従え、と言いますから、やはり外国に行ったら、スープは音を立てないで「食べる」べきでしょう。日本では、音を立てて「飲んで」も一向さしつかえないと思います。

ただ、作法無作法ということは人の意表に出ることがあります。舌を出してあいさつするところもある、というようなことを聞きますと、世界中の作法無作法に通じてその時々の事に処する、ということは不可能だと思います。そんなものに通じていなくても、誠心誠意で行動していればおのずから礼儀にかなう、という考え方もあります。それはそれとして立派ではありますが、本当はそれではすまないと思います。それほど楽天的にわたしはなれません。

イギリス人は、人前で鼻を音高くかむのは割に平気なようですが、これは日本人はあまりやれないことだと思います。やるとしてもあまり音を立てないようにするでしょう。このような、また上に述べたような、何を作法にかなっているか、何をかなっていないとするか、ということとは別に、同じ無作法であっても、そのグレイドが違うというようなこともあって事情は一段と複雑になります。おならもゲップも日本でも西欧でも共に無作法だろうと思います。しかし、どっちがより無作法かというと、日本ではおなら、西欧ではゲップだそうです。わたしはこのことを大学時代に上村福幸先生の教育学概論のとき、講義の途中の雑談で聞いたのです。他のことは試験が終わったらすべて忘れてしまいましたが、これだけははっきり覚えているといった、わたしはとんだ悪い弟子でした。

それはともあれ、このように世界中で習慣がすべて違ってくるとなると、どういう規準で行動していいかわからなくなります。ここにおいて確実に言えることは、いかにある行動が自分から見て無作法と思えることであっても、それをとがめ立てしない、ということが大切になってくると思います。これしか道はないようです。

このことを修行するためには、これは同じ規準に立っていると考えてもいい日本人の自分に対する無作法も平気で受け流せるようになればいいと思いますが、これは大変な修養を必要とするでしょう。いわゆる毛色の違った人の無作法には何とか腹の虫は押えることはできても。

野元菊雄「習慣とことば」『日本人と日本語』(言語生活叢書)
(筑摩書房, 1978)

✿ 作者: 野元菊雄(のもときくお) (1922～2006)

国語学者(社会言語学)。東京大学言語学科卒。神戸松蔭女子学院大学教授、国立国語研究所所長。『簡約日本語』の提唱者。

漢字の読み方

体系（たいけい）	伝達（でんたつ）	境界線（きょうかいせん）	礼儀作法（れいぎさほう）
西欧（せいおう）	響（ひび）く	直角（ちょっかく）	吸（す）う
幽（かす）かだ	叫（さけ）び声（ごえ）	掬（すく）う	尖端（せんたん）
鮮（あざ）やかだ	傍見（わきみ）	翼（つばさ）	所謂（いわゆる）
礼法（れいほう）	不思議（ふしぎ）だ	天衣無縫（てんいむほう）	ご馳走（ちそう）
美味（びみ）	一向（いっこう）	意表（いひょう）	処（しょ）する
誠心誠意（せいしんせいい）	立派（りっぱ）だ	楽天的（らくてんてき）	割（わり）に
事情（じじょう）	複雑（ふくざつ）	概論（がいろん）	講義（こうぎ）
途中（とちゅう）	雑談（ざつだん）	規準（きじゅん）	修行（しゅぎょう）
修養（しゅうよう）	毛色（けいろ）	押（おさ）える	

文型

(1) スプーンを顔の向きに対して直角に向けて口に入れる西欧のやり方は、おそらくすすらずに「食べる」ためのものでしょう。

・おそらく彼女はそのことを知っているだろう。

・午後にはおそらく晴れるだろう。

・台風12号は、おそらく明日の未明には紀伊半島南部に上陸するものと思われます。

・おそらく部長も今回の事件に関わっているにちがいない。

(2) 郷に入っては郷に従え、と言いますから、やはり外国に行ったら、スープは音を立てないで「食べる」べきでしょう。

- 学生は勉強すべきだ。
- あんなひどいことを言うべきではなかった。
- 人は皆死すべき運命を背負っている。
- 近頃は小学生まで塾に通っているそうだが、子供はもっと自由に遊ばせるべきだ。
- 夢をかなえたいと思うなら、そのために必死で努力するべきである。

(3) それはともあれ、このように世界中で習慣がすべて違ってくるとなると、どういう規準で行動していいかわからなくなります。

- 理由はともあれ、飲酒運転は許されない。
- 何はともあれ、無事でよかった。
- 成績はともあれ、よく頑張った。
- 彼は英語はともあれフランス語、ドイツ語もできる。

熟語

音を立てる　気がする　鼻をかむ　腹の虫を押さえる　毛色が違う

第四課

タンポポ

金井直

停留所に立って、線路のふちに咲いているタンポポを眺めていると、少年の頃がしのばれてくるのでした。ことにゆうぐれは、豆電灯がぼっちりともったようなタンポポ。タンポポを眺めてから電車に乗ると、どこか遠いところへつれていかれるようなおもいにとらわれるのです。

遠いところ、たとえば一銭銅貨でアメ玉やアンズを買って食べた時代へ、いちじくの木があり、池があり、池には荒川でとってきたフナがおよいでおり、犬やアヒルがいた家へ、帰っていかれるような気がするのでした。そして、タンポポを眺めていると、初恋の女の子がおもいだされてきます。その子は小学六年生でした。

それから甘い感傷の日々。見知らぬ父を慕いました。愛うすき母を恨みました。そして孤独を知りました。そして美しいものに憧れて、生きることの悩みを知りました。

タンポポを眺めていると、生きていることが不思議におもわれてくるのです。死にたかったはずの自分が死なないで、死んではいけなかった人ばかりがなぜか死んでいきました。

枕木の横にも咲いているタンポポ。この電車が王子電車といっていた頃にも咲いていたタンポポ。枕木に残っている戦争の傷あと、あばたのような焼焦げは、空襲で東京が灰になった時のものでした。

線路づたいに歩いていった少年たちの姿をもうふたたび見ることはできないでしょう。

線路のふちに咲いているタンポポを眺めていると、この停留所が永遠の場所のように感じられてくるのでした。

すぐそこの曲り角から現われてくる電車、曲り角へ消えていく電車。あの電車を、人は幾度むかえ、おくったことでしょう。そしてこの先、幾度おくり、むかえなければならないのでしょうか。あの頃の電車の色は、茶色でした。そして、この停留所の名称も、「滝野川」と呼んでいました。すぐそこの曲り角へ行くと、まっすぐに線路はのびていて、そのはるか突当りは飛鳥山①。飛鳥山で遊んでいた少年は、いつまで待っても帰ってはこないのでした。だんだん離れてゆきながら、どうしてこのように少年のことがおもわれるのでしょうか。これはやはり、線路のふちに咲いているタンポポのせいかもしれません。家と家の間を、玩具のように走る電車。土に埋まった枕木は少し朽ちておりました。

線路のふちに咲いているタンポポを眺めていると、幾時代かがやってきて、その中からひときわなつかしい呼声で、誰かが人を呼びよせようとするのでした。失われたものたちを、せめて見失わないようにと、呼びかけてくるのでした。

停留所に立って、いつまでもいつまでも、電車に乗らず、枕木の横や線路のふちに咲いているタンポポを眺めていると、あれはもう、時代の外に咲いているのだと思われてくるのでありました。

✿ 作者: 金井直（かないちょく） (1926〜1997)

詩人、随筆家。東京生れ。東京育英実業卒。『金井直詩集』『飢渇』『無実の歌』など。

注

① 飛鳥山: 東京都北区滝野川にある丘。現在、公園。古来桜の名所。

漢字の読み方

豆電灯（まめでんとう）	一銭銅貨（いっせんどうか）	初恋（はつこい）	慕う（したう）
憧れる（あこがれる）	曲り角（まがりかど）	幾度（いくど）	突当たり（つきあたり）
枕木（まくらぎ）	朽ちる（くちる）	焼焦げ（やけこげ）	空襲（くうしゅう）
玩具（がんぐ）	埋まる（うまる）	呼声（よびごえ）	線路（せんろ）
停留所（ていりゅうじょ）			

文型

(1) 少年の頃がしのばれてくるのです。

・寒くなってきましたね。そろそろストーブを出しましょう。

・近ごろ、また円が高くなってきました。

・パソコンをいじっているうちに、少しはコンピュータのことがわかってきた。
・このごろ太ってきたので、毎朝ジョギングをすることにした。
・そろそろ島が見えてくるはずだ。

(2) 失われたものたちを、せめて見失わないようにと、……
・せめて手紙の一本でもよこせばいいのに、まったく連絡がない。
・満点ではなくても、せめて90点は取りたかった。
・せめて日曜日ぐらいはゆっくり休みたいものです。
・ヨーロッパへ行けなくても、せめて日本へは行きたいと思う。
・もうお帰りになるんですか。せめてコーヒーぐらい飲んでいらっしゃればいいのに。

熟語

帰っていかれる　気がする

第五課

古本屋

わたしは、町を歩いていて古本屋があると、必ずのぞいてみる。古本屋の店の造りはどこも同じで、あまり広くもない間口の中央を本だなでしきり、入り口が二つになっている。人ひとり立つといっぱいの通路の両側に、天井までぎっしり本が詰まっている。奥のほうには、並べ切れない本が山のように積み上げてある。

わたしには、あの古本特有のにおいが何とも言えない魅力である。それに誘われて店内をひとまわりする。おびただしい本の数であるが、整然と分類されている。わたしは専門の歴史のたなの前に立ち止まってぎっしり並んだ本の背を、上から下へと見ていく。目にとまったものがあれば、抜き出して手に取ってみる。表紙·とびら·目次·奥付などをちょっと見て、序文を読み、ページをぱらぱらめくる。ときには一部を立ち読みする。

表紙裏の値段を見て、手ごろならその場で買ってしまう。どうしてもほしくて、さいふをはたいて買い、てくてく歩いて帰ってきたこともある。買わずにそのまま出てきても、何の気がねもない。

古本ばかりでなく、新本ももちろん利用する。朝、新聞を読むとき、本の広告には必ず目をとめる。これぞと思うものがあれば学校の帰りに本屋に立ち寄ってみる。専門書ともなると、新聞に広告の出ないものもあるから、うっかりできない。辞書類などは、版の新しいものを持つのがよいに決まっている。しかし、研究を進めていくうちに、どうしても新本では手にはいらない本が出てくる。図書館で利用することもできるが、手もとに置きたいものも少なくない。そういうものは、版元に注文して取ってもらうこともできるが、おいそれとは間に合わない、版元にもないことがある。そういうときの要求にこたえてくれるのが古本屋である。

古本屋といえば、何といっても神保町①である。神保町の交差点を中心に、東西500メートルの間、文字どおり古本屋が軒を連ねている。聞けば百軒近くあるとのこと。こんなに古本屋が集まっていて商売になるだろうかと疑う人があるかもしれない。しかし、細かに見ると、それぞれの店におのおの特色があり、集まっているほうが便利なのである。そんなわけで、何か手に入れたい本があるとき神保町に来てたんねんに一軒ずつ歩けば、たいていのものは手にはいる。

注

① 神保町（じんぼうちょう）: 日本の有名な古書店街の一つで、現在の千代田区神田神保町一～三丁目を指す。新刊書店、出版社、印刷所も多い。

漢字の読み方

間口（まぐち）	両側（りょうがわ）	天井（てんじょう）	詰（つ）まる
積（つ）み上（あ）げる	魅力（みりょく）	誘（さそ）う	整然（せいぜん）
専門（せんもん）	表紙（ひょうし）	奥付（おくづけ）	序文（じょぶん）
値段（ねだん）	新本（しんぽん）	広告（こうこく）	立（た）ち寄（よ）る
版元（はんもと）	注文（ちゅうもん）	神保町（じんぼうちょう）	交差点（こうさてん）
文字（もじ）	軒（のき）	商売（しょうばい）	疑（うたが）う
細（こま）かに			

文型

(1) どうしてもほしくて、さいふをはたいて買い、てくてく歩いて帰ってきたこともある。

・きょうの試合にはどうしても勝たなければならない。

・ダイエット中なのにどうしても食べたくなってしまいます。

・彼に頼んでみたが、どうしても承知してくれなかった。

・そんな悪いことをするのは、どうしてもいやです。

・どうしても今度の試験に通らなければならない。

(2) 古本ばかりでなく、新本ももちろん利用する。

・肉ばかりでなく、野菜も食べなければなりません。

・彼は頭がいいばかりでなく心のやさしい人です。

・この世の中は人間ばかりでなく、あらゆる生物がともに生きていかなければなりません。

・金さんは日本語ばかりでなく中国語も話せます。

・スポーツは若者ばかりでなく、年をとった人もよく見る番組です。

(3) 古本屋といえば、何といっても神保町である。

・夏の代表的な果物といえば、何といってもすいかである。

・乗り物といえば、飛行機や船、タクシーなどがあげられる。

・楽しいといえば、学生時代ほど楽しい時代はないだろう。

・どうして成績が悪いかといえば、やはりふだんの勉強が足りないからなのです。

(4) 東西500メートルの間、文字どおり古本屋が軒を連ねている。

・レシピどおりに料理を作ってみました。

・説明書のとおりにすればまちがいはない。

・注文通りに作って下さい。

・ご存じのとおり今の国際情勢は複雑です。

・ご覧のとおり今このうちにいるのは妹と私だけです。

熟語

手に取る　手にはいる　手に入れる　目にとまる

第六課

大学での学問

増田四郎

ものごとを統一的にとらえる修練

大学で勉強する、学問する究極のねらいは、非常に広い意味で、一貫した立場、ものの考え方によって、あなたの周辺に生起するさまざまなできごとの意味を、統一的にとらえる、そのとらえ方の練習にあります。小は、あなたの家庭に起こってくる事件から、大は、国内および国外の各地で起こってくる事件の意味を、単にばらばらにではなく、時代の動きとともに、統一的に理解していく。そういう練習をするところが、大学の学問のいちばん大切な点ではないか。

その練習をしないですむなら、別に講義に出席する必要はないでしょう。講義録で勉強してもいいし、家にいて本を読むだけでもこと足りる。しかし、実際に大学の生活をしてみると、つまり、そうした練習をしてみると、本や講義録では、どうしようもないことがあるのです。例えば、民法なら民法で、いま問題になっているのはどういう点か、ということが一方にあり、他方に、経済学なら経済学で、いま問題になっているのはどういう点か、ということがあるとします。この二つは別々の問題のようでありながら、究極のところ現代社会の動向を反映しているという意味で、同じ意味合いをもっている。こういうばあいがひじょうに多いのです。

現代のような、こうした時代の大きな転換期にあっては、いろいろな学問、特に社会科学の面では、専門科目が細分化されてそれぞれ無関係のように見えるけれども、それらがもっている問題の意味は、非常によく似ている場合が多いわけです。

大学の門をくぐってからの迷い

こうした事実から見て、わたしたちが出合う諸事件を、ばらばらに、その場その場で一貫性のない形でとらえるということをしないで、底に流れている意味によって、あなたがたはあなたがたなりにとらえる力を養う、それが大学の学問であり、教育だとわたしは考えるのです。

わたしはそう考えるけれども、現在、実際にあなたがたがどこかの大学へ入ってみると、まず今日の大学は、専門科目と一般教養科目とに分かれています。そこには、それぞれ専門の教師がいる。なかには、すばらしい研究をしている人がおります。

あなたがたは、大学生になったうれしさと同時に、そうした偉い先生にじかに接して、自分も早くああいう専門家になってみたい、というあこがれをいだくでしょう。あるいは、そういうあこがれから、専門の研究分野に早くはいっていこうという、あせりを覚えるかもしれません。

しかしまた、高校から大学に進んだばかりのあなたがたの年ごろでは、受験勉強から解放されて、大学の科目以外のことにいろいろと興味をもつことも事実です。いままでは受験勉強に集中してきたために、読みたいもの、知りたいことを、ゆっくり考える暇もなかった。だからこそ、大学生になると、急にいろいろなことに、強い興味をもちます。

いままで、名前だけは知っていても、作品を味読することができなかった、内外の有名な文学書を読みたい、大思想家の著書に取り組みたい。そして、そういう要求のほうが強くて、大学でなにを専攻していいかわからない。そうした人もまた、非常に多いにちがいありません。

専門への焦りとためらい

そこで、一方では、あまりに早く専門にはいろうとする人は、自分が一種の不具者になるような気がしてきます。そして専門を決めるのに、自分で納得のゆく方法をとりたいと思う。しかしそのためには、相当の期間が必要になります。そうすると、他方では別の意味の焦りが感じられてくるでしょう。じっくり構えて、いままで読んだり味わったりしたくてもできなかったことをやろうと思いながら、やはり、専門のことはどうしようという心配につきまとわれる。こういう人は、現代の学生のなかにはかなり多いだろうと思うのです。

わたしは、早く専門家になりたいと思うあなたであっても、また、専門外のことをまず身につけたいと望むあなたであっても、どちらも、もっともなことだと思います。

第一の、早くりっぱな専門家になりたいと望むこと自体は、けっして悪いことではありません。悪いことでないばかりか、若い希望に燃えるその気持ちは、実に貴重だとさえ言えます。ただし、ものごとすべてに近道はない道理にもれず、あなたは、そんなに早く専門家になれるものでないことに、すぐ気づかねばならないでしょう。

第二の、決心がつかないで、自分はもうすこしいろいろなものを読んだり、友人や教師と相談したりして、自分の心に専門が決定するまでじっくり待とうという態度もまた、非常に大事です。あなたは、自分が学問するに適しているかどうか、いろいろ試してみようとしている。こうした態度は非常によくわかります。

まず広く教養を身につけて

あなたがたが、以上の二つのどちらでもなく、ただなんとなく四年間の大学生活をすごすとしたら、それは、いちばんだめな道を選んだことになります。

大学へはいったうれしさだけで、あとはただ単位をとることに追われ、専門のテーマをもたないのはもちろんのこと、広い意味での教養さえも身につけることなく、毎日を遊んですごす。いちばん困った存在です。しかも、わたしの見たところ、そういういちばんだめな道をたどるひとが、残念ながら、いまの大学生のなかには、かなり多いのではないかという気がいたします。

これには、いまの四年制大学にも罪があるでしょう。つまり、どっちつかずの学生に仕立てやすい、状況があるからです。しかし、こういうばあいのことは別にして、第一の場合と第二の場合、つまり、専門と一般教養という二つのものの意味について考えてみましょう。

このことについて、率直にわたし自身の経験からいいますと、やはりあなたがたは、まず教養というものを広く身につけてから、じっくりと、自分の力量や性格に合った専門をあとで決める、あるいは、決めるべき時がきたら決めればよい、こう思うのです。というのも、わたし自身、大学にはいったころ、西洋史をやろうとか、経済史をやろうとか、夢にも思っていませんでした。それがいつのまにか、こうなってしまった。たいへん自覚のないように見えますが、じっさいはなにかをめざして、毎日こつこつやってきたというだけなのです。

それは必死な精神的さすらい

しかし、いずれにしても、わたしは、自分のたどたどしく見える歩みは、けっしてむだではなかったと思っております。

その点、いまの若い先生がたは、あまり最初から専門がきまりすぎていて、かえって損をしているのではないかという気が、正直にいって、わたしにはくすることがあるのです。大学にはいったら、小説や詩を読んだり、美術や美術書に親しんだり、哲学の本に頭を突っこんだりというふうに、あっちこっちを歩き回ってみる。それは、一種の精神的遍歴ですが、しかしけっして漫然としたさすらいではありません。ほんとうは必死な気持ちで、自分の力と自分の性格にぴったりしたなにかをさがす、このことが大切ではないか、ということです。

現代は、わたしが大学生の頃に経験した時代風潮から見ると、イデオロギーの対立が激しく、ゆっくりと学問することができないような、あるいはさせておかないような社会問題が次から次へと起こっています。ですから、へやの中でおちついて勉強するよりも、生の社会問題に対する実践的な行動に出るほうをよしとする考え方が、わたしの大学生時代よりも強いにちがいありません。

しかし、あなたがたはそういうことをもふくめて、じっくり考えるべきではないか。つまりそうした時代であるがゆえに、むしろいろいろな予備知識をできるだけ身につけて、そのうえで納得のいく実践に移るべきではないか。最初から実践に飛びこむのはたいへん勇ましいようだが、実際には身につかない危険をおかしているのではないか。わたしはそういうふうに思っているのです。

✿ 作者: 増田四郎（ますだしろう） (1908～1997)

歴史家。奈良県生れ。東京商科大学卒。専門は西洋史、西洋経済史。『歴史する心』『西洋と日本―比較文明史考察』など。

漢字の読み方

究極(きゅうきょく)	民法(みんぽう)	他方(たほう)	動向(どうこう)
転換期(てんかんき)	細分化(さいぶんか)	迷い(まよい)	養う(やしなう)
偉い(えらい)	興味(きょうみ)	味読(みどく)	著書(ちょしょ)
焦り(あせり)	不具者(ふぐしゃ)	納得(なっとく)	燃える(もえる)
貴重(きちょう)	近道(ちかみち)	状況(じょうきょう)	率直(そっちょく)
力量(りきりょう)	歩み(あゆみ)	漫然(まんぜん)	遍歴(へんれき)
時代風潮(じだいふうちょう)	実践的(じっせんてき)	予備知識(よびちしき)	勇ましい(いさましい)

文型

(1) 時代の動き<u>とともに</u>、統一的に理解していく。

・学習が進むとともに実力も次第についてきた。

・卒業して社会へ出るのは、うれしいとともに心配でもある。

・彼は卒業とともに直ちに就職した。

(2) その練習をしない<u>ですむ</u>なら、別に講義に出席する必要はないでしょう。

・このぶんなら、手術しないですみそうだ。

・ぽつぽつ程度の雨なので、傘なしですみます。

・冬と言っても暖かいから、上着なしですみます。

・彼女は、あやまってすむと思っているのです。

・おかげで苦労しなくてすみました。

(3) 本や講義録では、どうしようもないことがあるのである。

・朝は電車に乗れないことがあります。

・あの喫茶店には一度も入ったことがありません。

・うっかりすると傘を忘れることがありますから、じゅうぶん気を付けてください。

・電話をすると、ときどきお話し中のことがありました。

・あの人は、どこかでみたことのある顔です。

・夕食の後、たいていテレビを見ますが、見ないで寝ることもあります。

(4) 高校から大学に進んだばかりのあなたがたの年ごろでは…

・娘は今年、小学校にあがったばかりです。

・田中さんのうちでは赤ちゃんが生まれたばかりです。

・さっき聞いたばかりの話をもう忘れてしまった。

・まだ日本へ来たばかりなので、日本語がよく分からない。

(5) 哲学の本に頭を突っこんだりというふうに、あっちこっちを歩き回ってみる。

・彼女はひどく疲れたふうだった。

・プロポーズってどんなふうにすればいいの。

・田中さんはいつでもああいうふうですよ。

・どんなふうに書いたらいいでしょうか。

(6) そうした時代であるがゆえに、納得のいく実践に移るべきではないか。

・外国人であるがゆえに、そんな扱いを受けるのは残念である。

・今回は相手が強すぎるがゆえに敗れたといえるだろうか。

・その病院は先生の評判が良いゆえに患者が多いです。

・ご注文の着物ができましたゆえ、お届けいたします。

・来月上京したいと思いますゆえ、よろしくお願いします。

熟語

気がする　決心がつく　納得がゆく　単位をとる　身につける　身につく

第七課

日本家屋の特色

日本家屋の特色は、木造だということである。一般には、日本が森林資源に恵まれていたからだといわれている。日本のように地震の多い国では、木造家屋のほうがかえって適していたとも言えるのである。木造は確かにこわれやすいが、こわれてもすぐ造り直すことができる。

こわれてもすぐ建て直すことのできる簡便さ、これこそ木造家屋の大きな利点である。そのうえ、日本は台風の通路に当たっている。雨も多く、大水も出る。また、火災も決して少なくない。これではどんな家を建てても、安心して住むことができない。こうして日本の家屋は、災害の起こるたびに破壊されてきた。それを日本人は、どうにも防ぎようのない災難とあきらめ、そのつど根気よく造り直してきた。これが日本の都市発展の歴史ともなっているのである。

日本家屋の特色としては、木造ということのほかに、家の内部がしきられていないことも指摘しなければならない。ふすまや障子は一応しきりの役をしているが、それらはいつでも取り除くことのできる間じきりである。そのうえ、外部に対しても、窓でなく全面開放の形になっている。つまり、家屋全体が床と柱と屋根だけでできているといっても過言ではないが、これこそ夏を過ごすのに最適の構造なのである。

間じきりがないために涼しい風が自由に吹き抜けていく。また、屋根の下にさらに天井を張った造りが日光の直射を防ぎ、高い床が湿気の侵入を防いでいる。日本の家屋は、確かに夏の蒸し暑さを防ぐのに最適の構造である。

冬は寒いといっても、衣類を着込み、火を燃やすことによってしのぐことができる。それにひきかえ、夏のさなか、狭いへやにとじこめられる苦しさは、冷房でもしないかぎり、耐えることができない。

日本の家屋としては、へやに畳が敷いてあるのも特色である。寝るときにはその上にふとんを敷く、すわるときには座ぶとんを敷く、食事時には食卓を出す。こうして、寝室が居間になり、あるいは食堂になり、各へやの転換は自由自在である。客用の座ぶとんを出せば、そこが客間になる。客の数だけ座ぶとんを出せば、一つのへやで幾人でも接待することができる。

もしもお客の数が多ければ、ふすまや障子をはずし、次のへやと続けることもできる。こうして、狭いへやは必要に応じて広くなり、家全体を大広間として使うことも可能になる。

簡便な座ぶとん、食卓、ふとん、それがへやの用途を多様にし、しかも使わないときは押し入れに片付けてしまう。これが日本家屋における利用面での特色にもなっている。

したがって、日本家屋には個室がない。一応は主人のへや、妻のへや、こどものへやと分けられてはいる。しかし、それぞれは決して独立のへやでもなく、かぎも掛からない。かぎが掛かったところで、ふすまや障子のしきりでは、中での話し声や物音がそのまま外に聞こえてしまう。そのため個人主義的な考え方の発達が遅れたのだともいわれている。その反面、日本においては家族主義的な考え方が尊重され、個人の問題も家族全体の問題となる傾向が強い。個々の財産も、一応は個人に属しているが、家族全体の共有という考え方が強い。いいにつけ、悪いにつけ、これらの点もまた、長年の伝統を持つ日本家屋の構造と無縁ではないのである。

しかしながら、以上述べたような日本家屋の特色も、生活の洋風化にともなって急速に失われつつあるのが現状である。このことが日本人の意識構造にどのような影響を及ぼすかは、注目に値するところである。

漢字の読み方

木造（もくぞう）	森林（しんりん）	恵（めぐ）まれる	防（ふせ）ぐ
造（つく）り直（なお）す	簡便（かんべん）	通路（つうろ）	大水（おおみず）
根気（こんき）	障子（しょうじ）	床（ゆか）	柱（はしら）
屋根（やね）	過言（かごん）	天井（てんじょう）	日光（にっこう）
直射（ちょくしゃ）	湿気（しっけ）	蒸（む）し暑（あつ）さ	着込（きこ）む
冷房（れいぼう）	畳（たたみ）	座（ざ）ぶとん	居間（いま）
転換（てんかん）	客間（きゃくま）	接待（せったい）	大広間（おおひろま）
片付（かたづ）ける	個室（こしつ）	物音（ものおと）	尊重（そんちょう）
共有（きょうゆう）	無縁（むえん）	洋風化（ようふうか）	注目（ちゅうもく）
値（あたい）する			

文型

(1) 災害の起こるたびに破壊されてきた。

- 歩くたびに靴の音がコトコト鳴った。
- 練習するたびにめきめき上達した。
- 彼女に会うたびに好きになってきます。
- 雨が降るたびに春らしくなってきた。
- あそこへ行くたびに彼に会った。

(2) 冷房でもしないかぎり耐えることができない。

- 月がかがやくかぎり、人は月を愛さずにはいられないであろう。
- 人を理解しようとする気持がないかぎり、円満なつきあいは無理であろう。
- 病気でないかぎり、学校を休まない。
- 人間であるかぎり、だれにでもあやまちはあるはずだ。

(3) しかも使わないときは押し入れに片付けてしまう。

- 渋滞でここまで一時間もかかってしまいました。
- くつは泥だらけ、服もつゆで、びっしょりになってしまいました。
- よけいな蛇足をかきかけた者は、とうとうその酒を飲みそこねてしまった。
- わたしは、決して聞いてはいけない秘密を聞いてしまったんです。
- 日が沈んでしまったら、もうおしまいなんです。

(4) どうにも防ぎようのない災難とあきらめ、……。

・さがしようが悪いから見つからないのです。

・この料理は作りようがわかりません。

・なんと言ったらいいか言いようがありません。

・勉強のしようがへただと、長い時間勉強してもだめです。

・私のパソコンは壊れましたが、直しようがありません。

(5)いいにつけ、悪いにつけ、これらの点もまた、…。

・雨につけ、風につけ、故郷にいる母のことが案じられる。

・いいにつけ、悪いにつけ、私にはかまいません。

・その小説は大人につけ、子供につけ、よく読まれている。

・オリンピックのために、暑いにつけ、寒いにつけ、毎日の訓練を休まない。

・人間は、喜びにつけ、悲しみにつけ、その気持ちを歌に表す。

熟語

注目に値する

第八課

案ずるより書く

外山滋比古

いついつまでに、これこれのものを書かなくてはいけない。そう思うと、それが妙に負担になる。ことに、いいものを書こう、人を感心させてやろうなどと思うと、よけいに心が重い。

あれもこれも準備をしなくてはいけないと思うが、何ごとも、計画通りに行ったりすることはない。締切りはだんだん迫ってくるのに、準備の方はいっこうに進んでくれない。

この調子では間に合わないかもしれない……そういう不安がちらちらする。不思議なことに、これぐらい緊張してくると、かえって仕事が手につかなくなる。別に急ぐことはないほかの仕事に手を出したりして、当面の仕事に向かって進むのではなく、そのまわりをぐるぐるまわり始める。

こうなったら、もう約束の原稿など書けるものではない。いよいよ期日が迫ってくると、金しばりの状態になる。何もできなくなる。文章を書くのをおっくうがる人はたいていこういう経過をたどるようである。

ある篤学の研究者の話しだが、原稿を引き受けると、そのための勉強をすぐ始めた。たくさんの本を読む計画を立てて、夜を日についで参考の資料や文献を読む。まだ締切りまで間のあるうちはどんどん準備が進むが、期日が近づいてくると、調子がおかしくなってくる。

あと二、三日で締切りとなると、もう何も手につかない。もちろん原稿は一字も書いてない。これまであれだけの時間をかけて調べたことをどのようにしたらまとめられるのか。それを考えると頭が痛む。

単なる比喩ではなく、本当に頭痛がしてくるのだそうである。熱を計ってみると、たしかに熱もある。これでは執筆は無理だ。わけを話して、この原稿は病気のためにとりやめにしてもらう。すると翌日あたりから熱は下がり、頭痛も、うそのようによくなるという。

これは原稿病とでも言うものである。改まった文章を書かなくてはならないという気持は、それくらい大きな気持の負担になるのであろう。

これは若い友人の話だが、発表する前に準備を充分する。ほかの人はもういいだろうと思うのに、まだまだ、と言って本を読む。これは文章ではなく、口頭発表だったが、ある研究会で発表することになった。

すぐ前の発表者が話しているとき、別室でせっせと最後の参考書を読んでいた。それですばらしい話ができたかと言うと、そうではない。何を言おうとしているのか、さっぱりわからない発表に終ったようである。

この人は勉強のしすぎ、過ぎたるはなお及ばざるがごとし。あまりにことを重大に考えて、準備をしすぎると、かえってよくないようである。書く直前までほかの本などのぞくのは賢明ではない。気軽に書くのがいいものを書くコツらしい。

そういう例として、寺田寅彦①のことを思い出す。お弟子さんがどこかに書いていたことだが、寅彦は、雑誌などから原稿を依頼されると、締切りはまだ一か月も先なのに、すぐ書いてしまう。もちろん研究論文ではなく、随筆のような文章だが、締切りまでのばしていてもいいものが書ける保証はない。むしろ、書いてみたいという気持の起こっているそのときがもっともいい時期かもしれない。

依頼した人の意図もまだはっきりしている。それにゆとりもある。急ぐ必要はなく時間はたっぷりあるという気持でペンをとるから、考えがのびのびと展開する。期日ぎりぎりまでに追いつめられて書くよりははるかに有利である。

寅彦はそうしてざっと書き上げたのを引き出しに入れておいて、締切りの直前になって出してきて、手を入れて編輯者に渡していたという。先の学者のまさに逆である。

イギリスの詩人、批評家として有名であったT・S・エリオット②がこういう意味のことを書いている。

書評を頼まれたとき、まだ読んでいない本はうまく行かない。書評をすることなど考えないで読んだ本をあとから書評してほしいと依頼されたときは、いい書評ができるようだ……。

つまり、あまり緊張しすぎたり、力を入れすぎてはいけないということである。

頭の中であれこれ考えていると、次第に書くのがこわくなってくる。まだまだ書ける状態にない、と思っているうちに、時間がなくなって、浮き足立つ。あせる。これではせっかくのいい考えも逃げて行ってしまう。

とにかく、あまり時間が切迫しないうちに、考えていることを書いてみる。うまく行かなくても、やり直しがきくと思えば気が楽である。

そういう気持で書いているうちに、思いもかけないおもしろい考えが飛び出してきたりする。これは調子のいい証拠である。文章は一気に書き上げてしまった方がいい。いつまでもくよくよ思案したりしていないで、とにかく書いてみる。案ずるより書くはやさしい。もっとも中には、締切りがきて、やいのやいの催促されないとエンジンがかからない。締切りを過ぎたところから仕事ははじまるというタイプの人もあるから、一概には言えないが、いずれ書くのなら、なるべく早くとりかかった方が得策のようだ。

✿ 作者: 外山滋比古(とやましげひこ) (1923～)

英文学者、言語学者、評論家、エッセイスト。愛知県生れ。東京大学英文学科卒。『修辞的残像』『文学の方法』『かたりべ文化』など。

注

① 寺田寅彦(てらだとらひこ)(1878～1935): 物理学者、随筆家。高知県生れ。東京大物理学科卒業。『地球物理学』『冬彦集』『寺田寅彦全集』など。

② T・S Eliot(1888～1965): 詩人、劇作家、批評家。アメリカ・ミズーリ州セントルイス生。ハーバード大学卒業。『荒地』『キリスト教社会の構想』『カクテル・パーティー』『神聖の森』など。

漢字の読み方

案(あん)ずる	妙(みょう)に	負担(ふたん)	締切(しめき)り
調子(ちょうし)	間(ま)に合(あ)う	不思議(ふしぎ)だ	原稿(げんこう)
期日(きじつ)	金(かな)しばり	篤学(とくがく)	文献(ぶんけん)
比喩(ひゆ)	計(はか)る	頭痛(ずつう)	執筆(しっぴつ)
翌日(よくじつ)	改(あらた)まる	充分(じゅうぶん)	口頭発表(こうとうはっぴょう)
別室(べっしつ)	重大(じゅうだい)だ	賢明(けんめい)	保証(ほしょう)

意図（いと）	追（お）いつめる	編輯者（へんしゅうしゃ）	書評（しょひょう）
緊張（きんちょう）	次第（しだい）に	切迫（せっぱく）	証拠（しょうこ）
思案（しあん）する	催促（さいそく）	一概（いちがい）に	得策（とくさく）

文型

(1) この調子では間に合わないかもしれない。

- 忙しいので、あしたは来られないかもしれない。
- 彼の答えは当を得ているかもしれません。
- みんなもう寝てしまったかもしれない。
- この頃はバスより電車のほうが便利なのかも知れない。
- 帰りが遅いな。どこかで買い物でもしているのかもしれない。

(2) これは文章ではなく、口頭発表だったが、ある研究会で発表することになった。

- オリンピックは四年ごとに開かれることになっている。
- 来年一年間日本へ留学することになりました。
- あした国から母が来ることになっています。
- 来月から会社につとめることになりました。
- ここでは禁煙ということになっている。

(3) とにかく、あまり時間が切迫しないうちに、考えていることを書いてみる。

- その映画は上映されないうちに、すでに話題になっています。

・暗くならないうちに、早く帰りましょう。
・父はいつも夜が明けないうちに、ジョギングにでかけます。
・忘れないうちに手帳に書いておこう。
・気づかないうちに、あざができています。

熟語

間にあう　手につく　手を出す　夜を日に継ぐ　手を入れる
やり直しがきく　思いもつかない　過ぎたるはなお及ばざるがごとし
調子がいい

第九課

言葉の意味

渡辺実

これから、「言葉の意味」について考えていこうと思います。「言葉の意味」などというと、めんどうなことのように思う人がいるかもしれませんが、まず、次の電話のやりとりを見てください。

男：　それじゃ、あしたの五時ごろ、どこかで落ち合わなきゃね。場所はどこがいいかな、うーんと、大川町の山野会館知ってる?

女：　ええ、知ってるわ。小学校のとなりの、大きなビルでしょ。二、三度行ったことあるの。

男：　そりゃ、都合がいいね。あの会館を入ったところに階段があるんだけど。

女：　ええ、ええ、あるわね。

男：　あそこの階段の上がり口は、どう。

女：　はい、はい。でも人で混雑するんじゃない。せまいところだし。

男：　そんなにせまくないよ。だけど五時だと、ちょうど混雑する時間だな。四時にしようか。

女：　ええ、いいわ。じゃ、あしたの四時、山野会館の階段のところね。おくれちゃだめよ。

男の人は「おくれちゃだめよ」と言われたこともあって、二十分ばかり早く山野会館に着きました。女の人も、自分がおくれるわけにはゆかないと思って、これも早めに山野会館に着きました。けれども二人が落ち合ったときは、もう五時に近くなっていました。いったいどうしたのでしょうか。

実は、これは私自身の失敗談なのです。場所は、大川町の山野会館ではなくて、フランスにいたとき、パリでのことなのですが、家内とある建物の階段のところで落ち合う約束をしました。けれども、いくら待っても家内は現れません。なにしろ外国のことですから、少々心配になってきたころ、家内がやっと現れました。心配そうな顔つきをしています。どうしたんだ、何かあったのか、と言いますと、家内もとっくに着いて、別の階段のところで今まで待っていたのだ、と言うのです。家内にしてみれば、私がいつまで経っても現れないので、事故か何かでないかと心配していた、というわけです。なんだ、階段はほかにもあったのか、とおたがいほっとして笑いだしましたが、同じ「階段」という言葉を使いながら、二人とも自分の頭に思いうかぶ、あの階段のことだ、と勝手に決めこんでいたのが失敗の原因だったのです。

だれでも、一度や二度、こんな失敗をしたことがあるのではないでしょうか。そういう失敗をした人は、とても大切なことに気付いたはずです。それはどういうことかと言いますと、人はだれでも、ある言葉を使うとき、自分なりの経験と結び付けて、その言葉を使っているのだ、ということです。あたりまえのことじゃないかと思うでしょうが、このあたりまえのことがとても大切なのです。今の場合のように、階段の下で落ち合う約束をしていて、その約束がうまく果たされなかったりすると、二人の言葉の食いちがいははっきりと明るみに出ますが、こんなにはっきりと明るみに出ない場合でも、二人の使う同じ言葉に食いちがいがあるということは、決してめずらしいことではないのです。

娘：　パパ、あの犬、いい犬ねえ。

父：　どれどれ。おお、あれかい。なるほど、いい犬だね。

娘：　でしょう。ほんとにいい犬だわ。

二人の意見は、完全に一致したようです。けれども、もう少し二人に話を続けさせてみましょう。

娘：　でしょう。ほんとにいい犬だわ。

父：　うん、毛なみもみごとだし、ひきしまったスタイルしてるし、りっぱなものだ。

娘：　あたし、そんなこと言ってるんじゃないわ。かわいいって言っているのよ。ほら、あのマッシュルームみたいな鼻、ほらほら、あの目、ほしぶどうみたい。

どうやらお父さんの「いい犬だ」のほうは、「りっぱだ」ということだったようですね。そして、娘さんの「いい犬だ」のほうは、「かわいい」ということだったのですね。二人に話を続けてもらったから、この食いちがいが分かったのですが、実際の生活では、同じ言葉をちがった意味に使いながら、そのちがいに気付かずにすんでしまう、ということはずいぶん多いだろうと思います。

今、同じ言葉をちがった意味に使う、と言いましたが、いったい「言葉の意味」というのは、どういうものなのでしょうか。

「言葉の意味だって？ どうしてそんなことを聞くんだい。そんなものちゃんと字引に書いてあるじゃないか。」

こんなふうに思っている人はいないでしょうか。言葉というものが自分より先にあって、それが意味というものを持っていて、それは字引に書いてある。そう思っている人はいないでしょうか。

確かにわたしたちが生まれて、もの心ついたとき、周りの大人たちは言葉を話しています。だから言葉というものが、わたしたちより先にある、と言うこともできるのですが、本当はわたしたちの経験がなければ、言葉も意味もないに等しいのです。

子：　エーン、エーン。

親：　なんだ、なんだ、どうした。けがしたのか。
　　　おお、かわいそうに、痛いか。

子供が転んでけがをして、傷口がひりひりするのを感じます。この経験が大切なのです。このときにお父さんから「痛い」という言葉を聞きます。すると、今のひりひりする感じに「痛い」という言葉が結び付きます。このようにして、経験に言葉を結び付けること、それが「言葉の意味」を了解することなのです。

知らない言葉に経験を結び付けるということによって、初めてその「言葉の意味」を了解することができるのです。あなたは「希望」という言葉をいつ覚えましたか。「希望」という言葉の意味が本当に分かったのは、どんな経験をしたときでしたか、ちょっと思い出してごらんなさい。また「ごまかす」という言葉の場合は、どうだったでしょうか。

言葉の意味というものは、このように一人一人の経験と結び付いて、一人一人の心と頭の中にあるのです。ところが一人一人の経験は、けっして同じではありません。同じ一人の経験でも厳密に言うと、一回一回ちがうのです。

医師：はい、次の方どうぞ、どうなさいましたか。

男：　昨日の夜、とてもおなかが痛みました。一晩じゅうねむれませんでしたので。

医師：どんな痛みでしたか。しぼるような痛さでしたか、さすような痛さでしたか。

男：　しぼるようなと言うんでしょうか、さすようなと言うんでしょうか、とにかく、ひどく痛かったんです。

医師：とにかく痛かったじゃ、よく分かりませんな。どんな痛さか知りたいのですがね。

お医者さんは、自分の患者さんが、何の病気にかかっているのかを早くつきとめようとします。それで、どのあたりが、どのように痛むのか、どの程度の痛さなのか、を聞き出したいのです。けれども痛さを表す言葉は、「痛い」という言葉しかありませんから、苦労して「しぼるように」とか「さすように」とか、いろいろに形容して問いかけているのです。ところが、この患者さんのほうは、あまり病気をしたことがないとみえて、お医者さんの問いにうまく答えることができないでいます。きっとこの患者さんは、今度の病気を経験したことで、「しぼるような」痛さと「さすような」痛さとを、区別することができるようになるのでしょう。そして、今度病気をしたときには、もっとうまく、どんな痛さかを話すことができるようになって、お医者さんを困らせなくなることでしょう。

実際、一人一人のそのときそのときの経験をはっきり表そうとすれば、長々と言葉を続けて説明しなければなりません。いちばん初めの「山野会館の階段」の話でも、失敗をさけようとすればこんなふうに言わなければならなかったでしょう。

男：　電車道に面した東向きの入口があるだろ。あの入口を入って真正面に、はば三メートルぐらいのコンクリートの階段があるのを知ってる?

女：　あら、そんなに広い階段じゃないわ。すれちがうのがせいいっぱいじゃないの。それに入口は南向きだわ。あなた、別の階段のこと言ってるんじゃない? 上がったところは何があるの。わたしの言ってる階段なら、上がったところは食堂よ。

男：　上がったところは、トイレだよ。そりゃ別の階段だ。

こんなふうにくわしく言っていたら、失敗は防げたにちがいありません。けれども、毎日の生活をいちいちこんな調子でやっていたら、時間がかかってやりきれないし、第一、たいていの場合は、ここまでくわしく言わなくても十分に通じ合えるのです。

女：　この間の旅行、楽しかったわ。

男：　楽しいって、どんな楽しさだい？

女：　景色はきれいだったし、食べ物はおいしかったし。

男：　おいしかったって、何食べたんだい？

女：　取りたてのたいのおさしみとか、えびだとか。

男：　えびって、車えび？ 伊勢えび？

女：　あなた、いちいちうるさいのね。そんなにくわしく聞かなきゃ、分からないの。

全くです。よっぽど変わった人でないと、こんなふうに聞きほじることはありません。

女：　この間の旅行、楽しかったわ。

男：　海へ行ったんだってね。

女：　そうなの。景色はきれいだったし、食べ物はおいしかったし。

男：　そりゃよかったね。ぼくは山へ行ってさ。もうこのまま山に住んじゃおうかと思ったよ。

女：　あら、そう。やっぱり自然はいいわね。

だいたいこんなふうなところで、おたがい分かり合っているのです。

一人一人のそのときそのときの経験は、二度とくり返すことのできない、そのとき限りのものです。えびのおいしさなど、いつでも同じように思えますが、もし「おいしさ」を計る精密な機械があったら、味の付け方とか、おなかのすき具合などで、昨日のえびのおいしさと、今日のえびのおいしさとは、完全に同じではない、ということを示してくれるでしょう。そこまで細かなことは言わなくても、たいのおいしさとえびのおいしさとがちがうことは、だれでも知っていると思います。けれどもどちらをも「おいしい」ですますのが言葉なのです。言葉はあんまりこまごましたことは気にしないで、大切なところだけを表してゆくものなのです。ですから病気のときなどは、そのときの病気の様子を説明するのに、おおまかすぎる言葉しかなくて、困ることにもなるのです。けれどもまた、言葉がおおまかなものであるおかげで、「楽しかったわ。」「そりゃ、よかったね。」というふうに、話がはずんでいくことにもなるのです。

人が経験することの中から、大切なところだけを、おおまかにぬき出したもの、それが「言葉の意味」なのです。そのおおまかさのために、ときにとんちんかんな食いちがいが起こったりするけれども、自分の見たことやしたことを、その場にいなかった人に伝えることができるのも、思ったことや感じたことをおたがいに話し合って分かり合ったりできるのも、言葉の意味のおおまかさのおかげなのです。

言葉はこのように、おおまかなものですが、それは一人一人の経験としっかり結び付いているものだ、ということは、もう一度くり返しておきたいと思います。「痛い」という言葉の意味は、字引に書いてあるのではなくて、けがをしたり、頭をぶつけたり、下痢をしたり、そういう経験と結び付いて、一人一人の心の中に生きているのです。字引の説明は、生き生きとした経験を思い起こすための手がかりとして読んでください。さっきたずねた「希望」でもいいし、「ごまかす」でもいい。あのときすぐに経験を思い出せなかったとしても、字引を引いて、その説明を読むなり、書いてある用例を見るなりして、こんなときの気持ちが「希望」なのだ、あのときにしたことが「ごまかす」なのだ、と分かったら十分です。その言葉は、もうあなたのものになったのです。

✿ 作者: 渡辺(わたなべ) 実(みのる) (1926～)

日本語学者。京都生れ。京都大卒業。『国語構文論』『平安朝文章史』など。

漢字の読み方

階段(かいだん)	混雑(こんざつ)	失敗談(しっぱいだん)	勝手(かって)
一致(いっち)	字引(じびき)	周(まわ)り	転(ころ)ぶ
傷口(きずぐち)	了解(りょうかい)	厳密(げんみつ)	一晩(ひとばん)
患者(かんじゃ)	電車道(でんしゃみち)	真正面(ましょうめん)	防(ふせ)げる
伊勢(いせ)	計(はか)る	精密(せいみつ)	下痢(げり)

文型

(1) 男の人は「おくれちゃだめよ」と言われたこともあって、二十分ばかり早く山野会館に着きました。

- 危ないからそんなところへ行っちゃだめです。
- 禁煙席でたばこを吸っちゃだめです。
- 展示品に触っちゃだめです。
- 試験中に人の答案を見ちゃだめです。
- そんなところにごみを捨てちゃだめです。

(2) なんだ、階段はほかにもあったのか、とおたがいほっとして笑いだしましたが…。

- 家を出ると急に雨が降りだした。
- あの人はおこると何を言い出すか分からない。
- 今までだまっていた人が、いきなり泣きだしました。
- あのまんがは一応読みだすと、あんまりおもしろくて、やめられないんです。

(3) ところが一人一人の経験は、決して同じではありません。

- このまちがいを決して繰り返してはなりません。
- 地震はいつおこるか決して油断できません。
- どんなことがあっても決して怒らないつもりだ。
- 彼は人に悪く言われていますが、決して悪い人間ではありません。
- この品物は買っておいて決して損はしませんよ。

熟語

けがをする　　病気をする

第十課

幕の内

楳垣実

京都の顔見世興行は、いまでも京都の重要な年中行事のひとつになっているが、江戸時代には、この師走の顔見世を見るために、京都の庶民は、正月から貯金をして、観劇料を積み立てたとさえいわれるほど、大騒ぎをして見物したものだった。だから観劇の当日ともなれば、夜中から劇場前に行列したといわれる。座席指定制度がなかったので、よい席に坐りたいばかりに、行列をして先を争ったのだろう。

そういうことが原因だったのかどうか、よくはわからないが、上方では観劇中に平土間あたりの座席では、あのますの中で持参の弁当を開いて食べる習慣があった。椅子席に変ってからは、その習慣も続けられなくなったが、その代りに、劇場の建物が大きくなり、階上やその他に洋食和食の店ができて、こんどは劇場を犠牲にしてそこへ出かけるようにさえなった。

とにかく、関西の人間は食いしんぼうだ、という人がある。「大阪の食い倒れ」といって、むかしから大阪は食べ物が豊富で、うまくて、量が多くて、その上安かった。高級料理はいうまでもなく、特に大衆向きの料理がかなり発達していた。「京の着倒れ」というのに対して考えてみると、「着倒れ」は必ずしも着物に金をかけるという意味だけではない。形式主義で、見栄を張るという意味をも含んでいる。つまり食う物を節約してでも、着物だけは立派に装っている、という意味なのである。だから、大阪の「食い倒れ」は、結局、実質主義で着物は汚れて貧しくとも、食べる物だけは十分に、という意味なのである。そこに、伝統を温存することを生命とする観光都市京都と、生産を生命とする産業都市大阪との性格の大きな相違が見られる。だから大阪の料理は実質的で、家庭で作るより店で食べた方がかえって安い場合さえあった。そんな理由もあってか、大阪人に限らず関西の人は、家以外のところで食事することを好んだようだ。芝居見物の場合にも、それがはっきり現われたのだと思われる。

ある人は、京都人が外で物を食べる習慣を批評して、これは一種の見栄だ、といった。わたしも京都人だから、そういわれて喜びはしないけれども、しかしまた、なるほど、と思う点もあった。京都人には食う物も食わずに見栄を張るという点は、たしかにあった。平常はお粥をすすっていても、物見遊山とか芝居見物とか運動会といった晴れの場合には、自分達が味わう以外に、味わっているところを見せびらかす目的をも含めて、山海の珍味を持参するという風はあった。そこで、芝居の幕あいに、時には開演中に、舞台に背を向けて、持参の折詰めをぱくつくといった珍現象も、見うけられたのである。関東にはさすがに、こんな非衛生的な習慣はなかったようである。

「幕の内弁当」というのがある。一般には、それを「幕の内」と略して呼んでいるが、わたしは、はじめ、あの弁当が、主として芝居見物の際などに用いられるところから、そんな名が付いたのかと考えていた。つまり、幕と幕との間に食べるから「幕の内」と呼ぶのかと考えていた。てるおかさんも『すらんぐ』にその説を出している。ただ、それにしても、なぜ「まくあい」と呼ばずに、「まくのうち」と呼ぶのかと、その点に幾分の疑念を残してはいた。しかし、これはわたしが関西生まれだったために犯した誤りで、関東には、劇場の座席で食事をする習慣はあまりなかったのだそうだから、関東で生まれたらしいこの「幕の内」の語源は、関西の習慣を基にして説けるはずもなかったのだ。

けれども、これに似た語原説は、今までにもないわけではなかった。それは、やはり芝居の幕あいに食べるからだという説なのだが、食べる人が観客ではなくて、俳優の方なのである。俳優も熱演するから腹がへる。そこで幕あいの短い間にちょっとつまんで食べられるように、一口に頬ばれるような小さな握り飯を作ったのだという。この説もいかにももっともである。だいたい、あの弁当はすべてが小型にできていて、急ぐ時ならば、立ちながらでも、ちょっとつまみ食い出来るように造ってある。あの弁当は、昭和初期頃からは百貨店の食堂などでも見られたが、もともと、芝居の幕あいに食堂で食べるように造られたものだといわれている。してみると、だいたいこの説は動かないかと思う。ただひとつ気になるのは、前にもいったように、なぜ「幕あい」といわないで、「幕の内」というかという点である。どう考えても、「幕の内」ということばは、純然たる相撲の用語である。この純然たる相撲用語が、純然たる芝居用語の「幕あい」と混同されるはずはない。だから、この点が説明できなければ、どうも納得できない。しかし、劇場では、演劇関係者のことを「幕うち」というそうだ。だから「幕内弁当」ということばがあって、それが発展して「幕の内弁当」となったのだとすれば、それで説明はつく。

江戸時代の文献にみえる語原説もないわけではない。『近世風俗志』(第二十八篇「食類」)には、

> 江戸芝居観者の中食に専ら握飯を用ふを例とす。炙製に蒟蒻、焼豆腐、芋、蒲鉾、玉子焼き等を合す。江戸芳町万久と云店にて製之売る。名付て幕の内。……

とある。どうやら「万久」という店で売り出したから、その屋号を万葉仮名風にマクと読んで、「まくの内」と呼んだのだ、という説のように思われる。真偽

のほどはわからない。ついでながら、その書物には、江戸の握りめしは、丸い形や三角ににぎるのが多く、京阪では俵型ににぎるのが多いということや、握りめしに黒ごまをふるのは、京阪のやり方で、江戸にはなかったことなどが書いてある。

けれども、もっと納得のいく第四の語源説が登場するから、これも影がうすくなる。それは謎々説で、「小さいお結び」は「小結び」、相撲の「小結び」は「幕の内」、だから「小結び弁当」は「幕の内弁当」だというのだ。この謎々はよくできている。まんざらこしらえた話ではあるまい。

よく考えてみると、第二の「幕あい弁当」(または「幕内弁当」)の説と、この謎々説とは一向に衝突しない。今仮りに、この種の弁当が、俳優の空腹を一時しのがせる必要から、考え出されたものだと認めるとしても、その出来た弁当に、誰か頓智のある男が、謎々で「幕の内」という気の利いた名前をつけたのだと考えても、一向に差支えはない。またそう考えた方が、いっそう真相に近いように思う。そうすれば、「幕あい」でなくて「幕の内」であるという点が、完全に解決されるばかりでなく、かえってこの謎々の妙味も増すだろう。

楳垣実「幕の内」『語源随筆・猫も杓子も』
(関書院, 1989)

✿ 作者: 楳垣実(うめがきみのる) (1901〜1976)

言語学者(比較語学・方言・隠語)。京都府生れ。同志社大学英文学科卒業。九州大学教授。『日本外来語の研究』『日本の忌みことば』など。

漢字の読み方

顔見世興行（かおみせこうぎょう）	師走（しわす）	大騒ぎ（おおさわぎ）	争う（あらそう）
上方（かみがた）	椅子（いす）	犠牲（ぎせい）	装う（よそおう）
見栄（みえ）	お粥（かゆ）	物見遊山（ものみゆさん）	芝居（しばい）
折詰め（おりづめ）	犯す（おかす）	説ける（とける）	頬ばる（ほおばる）
相撲（すもう）	純然（じゅんぜん）	専ら（もっぱら）	蒟蒻（こんにゃく）
芋（いも）	蒲鉾（かまぼこ）	屋号（やごう）	万葉仮名（まんようがな）
京阪（けいはん）	頓智（とんち）	一向（いっこう）	差支え（さしつかえ）

文型

(1) 江戸時代には、この師走の顔見世を見るために、京都の庶民は、正月から貯金をして、観劇料を積み立てたとさえいわれるほど、大騒ぎをして見物したものだった。

・小さい頃はよくみんなで近くの森へ遊びに行ったものでした。

・小学生時代、彼のいたずらには、先生たちが手を焼いたものでした。

・思い返してみると、私が子供のころには赤いものを着たりすると「男のくせに」と言われたものだ。

・京都に住んでいたころは、よく近くの古本屋に売りに行ったものだ。あるとき古典を30冊ほどこの本屋へ売ったことがある。

(2) だから観劇の当日ともなれば、夜中から劇場前に行列したといわれる。

・3人の子の親ともなれば、自由時間はかなり制限される。
・9月ともなれば、真夏の暑さはなくなり過ごしやすくなる。
・学長に就任するともなれば、今までのようにのんびり研究に打ち込んではいられなくなる。
・1国の首相ともなると、忙しくて家族旅行などゆっくりしてはいられないだろう。

(3) 高級料理はいうまでもなく、特に大衆向きの料理がかなり発達していた。

・甘さを抑えた大人向きの菓子が販売されている。
・この店には子ども向きのかわいいデザインのものが多い。
・この素材は通気性もよく丈夫で洗濯に強いから、夏向きですね。
・気楽に泊まれて料金も高くない家族向きの温泉宿ってありますか。

(4) この純然たる相撲用語が、純然たる芝居用語の「幕あい」と混同されるはずはない。

・トオルが出かけるときに鍵をかけ忘れたのだろうか。いや慎重なトオルがそんなミスをするはずがない。
・私の証言に間違いないことがおわかりになったでしょう。私が嘘をつくはずがないんです。
・A:林さん暇かな。テニスに誘ってみようか。
　B:あの人は今就職活動中だから、暇なはずはないよ。
・電池を入れ替えたから動かないはずはないんだけど、壊れたかな。

熟語

先を争う　金をかける　見栄を張る　お粥をすする　腹が減る
気になる　影がうすい　納得がいく　気が利く

本音と建前

土居健郎

建前と本音という言い方がこの頃しきりと使われるが、この場合ややもすれば、建前は表向きのことで云わば嘘であり、本音こそ本当であるという意味合いが含まれていることが多い。したがってあることが建前に過ぎないと云えばその価値を否定したことになり、本音が出たということではじめて安心するほどである。しかしこのような傾向はもともと以前からあったとは思われない節がある。というのは言葉の由来から見て、建前本音という場合の建前と、家屋の建築で棟上げのことをいう建前とは、本来同じ言葉であったにちがいないと考えられるからである。すなわち棟上げの際は、建築主は棟梁とその手下たちに酒食を饗応するほど、これは大事な機会とされている。なお茶道で抹茶をたてる御作法のことを点前と云うのも、やはり同じ言葉なのだろう。ともかく建築でいう建前にせよ、茶道でいう点前にせよ、それが無ければ家屋も建てず茶道も行われない重要なものなのであるから、もし建前と本音という場合の建前がもともとこれと同じ言葉であるならば、それが重要でないはずはないと云うことができるのである。

実際、建前と本音という場合の建前を辞引きで引いてみると、本来的なこととして決まっている方針原則のたぐいをさすと出ている。したがってもちろん重要でなければばならないはずだが、ただこれには人々が合意して決めたものという意味が入っているので、くつがえされることもあり得ることになる。「建前に過ぎない」という現代的感覚が生れたのは、恐らくそのことが関係していると思われるのである。

そこで次に建前という言葉の実際の用法について見てみよう。例えば「本校は全寮制が建前である」「男女平等の建前を通す」「日本は建前として戦力を保持できないことになっている」などが考えられるが、その他辞書に出ている歌舞伎の台詞などを見ても、建前が取り決めによって作られるものであることは明らかだと思う。なお戦時中の座談会で木下杢太郎①が次のようにのべているのを私はたまたま発見した。

「一般には科学小説といふ名前だけでは、どう云ふ立前のものかよく理解しないでせうから、第一に科学小説なるものの境界をはっきりと付ける必要があると思ひます。」これなども建前が人々の合意によって作られることをよく示している。そしてそのように考えると、ここで云う建前が建築上の建前や茶道の点前ともともと同じである所以がもっとはっきりするように思われるのである。

これを要するに建前は、常にその背後に建前において合意する集団が存在することを暗示する。これに対して本音の方は、集団に属する個人が、建前に合意はするものの、それとは別に、建前の背後で持っている思惑のことである。あるいは建前についての各自それぞれの考え方が本音であるといってもよいだろう。建前はオモテに現われているが、本音はウラに隠れている。したがって先にオモテとウラの関係としてのべたことは建前と本音の関係についても妥当することになる。すなわち建前があることによってはじめて本音が存在すると見ることもできるし、あるいは陰で本音が建前を操作していると見ることもできる。このように建前と本音は相互規定的ないし相互補完的な関係にあって、一方なくして他方が存在することはあり得ない。これは丁度建築の建前において棟を上げるのはそれ自体が目的ではなく、そこに屋根をかけ、壁を作り、床を張るためだと云える反面、他方では屋根をかけ壁を作り床を張れるのは、基礎固めが終り棟上げが出来ていればこそであるという云い方もできるのと同じ趣向である。この点をもっと具体的な例で説明するために、報道機関が輿論を喚起すべくキャンペーンを起こす場合を考えてみよう。このことが許されるのは言論の自由が保証されているからであって、その意味では言論の自由がマスコミの建前である。しかしある特定の報道機関がある特定の問題についてキャンペーンを起こすのは、秘かに自社の利益に都合のいいように輿論を操作したいためであるかもしれないし、あるいは担当の記者個人が昇進を願ってのことなのかもしれない。この場合このような隠れた動機をさして本音であると云うことができるのである。

誤解のないように云っておくが、以上の例で、建前は道徳的に善だが本音は悪であると云いたいのではない。また、本音は本当だが建前は口実に過ぎないと云いたいのでもない。そういう場合も少なくないかもしれないが、しかし本質的には建前と本音が相補的な関係にあり、一方なくして他方はないことを云いたいのである。先の例で云えば、言論の自由とはまさに各自が勝手なことを云うだろうという予想のもとに、それを言論の自由という枠の中で保証するものであり、したがって誰もが言論の自由を持っているという建前を守る限り、それぞれ自分の本音に基づいて発言してよいということなのである。

✿ 作者: 土居健郎(どいたけお) (1920～2009)

医者。東京大学医学部卒。『精神分析』『漱石の心的世界』『「甘え」の構造』『漱石文学における「甘え」の研究』など。

注

① 木下杢太郎(きのしたもくたろう)(1885~1945): 医学者、詩人。東京大学医学部卒。耽美的、異国情調の的詩風。雑誌『スバル』等で活動。詩集『食後の唄』(1919)など。

漢字の読み方

建前(たてまえ)	本音(ほんね)	表向き(おもてむき)	節(ふし)
棟上げ(むねあげ)	棟梁(とうりょう)	手下(てした)	饗応(きょうおう)
茶道(さどう)	抹茶(まっちゃ)	点前(たてまえ)	作法(さほう)
合意(ごうい)	平等(びょうどう)	保持(ほじ)	台詞(せりふ)
座談会(ざだんかい)	所以(ゆえん)	暗示(あんじ)	思惑(おもわく)
操作(そうさ)	補完(ほかん)	丁度(ちょうど)	基礎固め(きそがため)
趣向(しゅこう)	喚起(かんき)	輿論(よろん)	秘か(ひそか)
利益(りえき)	都合(つごう)	昇進(しょうしん)	誤解(ごかい)
口実(こうじつ)	相補的(そうほてき)	勝手(かって)	保証(ほしょう)

文型

(1) というのは、言葉の由来から見て、……本来同じ言葉であったにちがいないと考えられるからである。

・あの話は断ることにした。というのは、こちらの調査の結果、あまり有利でないことが分かったのだ。

・土曜日のコンサートに行けなくなちゃった。というのは、ちょうど同じ時間に先生に呼ばれたからだ……。

・今度の旅行に参加できるかどうか……。というのは、このところ母の具合が悪くて、入院するかもしれないんです。

・あの人は子供のころ田舎で育ったんじゃないかな。というのは、花や草や虫の名前を実によく知っているんでね。

・初めて東京へ出て来た時はほんとうにびっくりした。というのは、こんなに高い建物が並んでいるのを、見たことがなかったからだ。

(2) ……建前に合意はするものの、それとは別に、建前の背後で持っている思惑のことである。

・金はないものの、子供は教育しなければならない。

・一人で出来るとはいうものの、時間がかかるだろう。

・日本語の新聞を読んでみたものの、意味はよくわからない。

・買い物には来たものの、あまり高いものばかりなので買うのをやめた。

・仕事で疲れてはいたものの、すぐに食事の支度に取りかかった。

(3) すなわち建前があることによってはじめて本音が存在すると見ることもできるし、あるいは陰で本音が建前を操作していると見ることもできる。

・彼は頭もいいし、人柄もいいので、信頼されている。

・雨には降られるし、帰りの電車は込むしで、散々苦労した。

・あしたは日曜だし、あさっては祝日だし、銀行からお金が下ろせない。

・これもずいぶん古くなったし、ひとつ新しいのを買おうか。

・空が暗くなってきたし、この辺で引き返した方がいいだろう。

(4) 建築の建前において棟を上げるのはそれ自体が目的ではなく、……。

- 今度の大会は規模において今までのものと比べものにならない。
- 微生物の研究において顕微鏡はなくてはならないものである。
- 封建時代においては士農工商の身分制度が存在した。
- 権力の濫用は裁判官においては厳しく禁じられている。
- 世界平和において各国は自分なりの役割を果たさなければならない。

熟語

一方なくして他方が存在することはない

第十二課

「しとしと」と「こころ」

森本哲郎

しとしと

日本の詩を代表するのは、何といっても十七文字の短詩、俳句であろう。その俳句の作者、俳人を代表しているのは芭蕉と蕪村である。そして、その芭蕉[①]と蕪村[②]の代表句はだれもが知っているつぎの二句といってよい。

古池や蛙とびこむ水のをと　芭蕉
春の海終日のたりのたり哉　蕪村

ところで、俳句を代表しているともいうべきこの二句が、ともに水を詠んでいるところに私は日本的性格を読みとるのである。日本人と水とは切っても切れない縁で結ばれているのだ。

人間と水との深い関係は、むろん、日本人に限ったことではない。人間は水なしでは生きてゆけず、だからこそ人類の文明は例外なく大河のほとりに生まれ、育ったのである。しかし、多くの民族のなかでも、とくに日本人は水に親しみ、水に浸されて暮らす民族だといえるのではなかろうか。『古事記』

[3]が語っているように、そもそも日本は海に「漂っていた国」であった。イザナギ[4]、イザナミの二神がその「漂える国」をしっかりと固めることで日本をつくりあげたのである。さらにイザナギの命は川で禊をすることによって[5]天照大神を出現させた。そして日本は湿原のなかの国、すなわち葦原中国[6]と呼ばれた。

では、日本人の胸の奥で、水はどのような音を響かせているのであろうか。水音を表現した擬態語、擬声語が、その微妙な音をさまざまにつたえている。擬態語というのは、ものごとの状態を象徴的に音であらわした語であり、擬声語というのは物音や動物の鳴き声などを、写実的にとらえた語である。言語学では、それをオノマトペonomatopéeというが、日本語には、こうした擬声語、擬態語がきわめて多い。オノマトペが日本語の特質だといってもいいほどである。このことは、おそらく日本人が音に対してきわめて敏感であることを語っているのであろう。そして、それも水と深い関係があるように思われる。というのは、数多くの擬声語、擬態語のなかでも、ことに水に縁のある語が目立つからである。

水で布などを洗う音は「ざぶざぶ」であり、涙が流れる様子は「さめざめ」であり、水気をふくんださまは「しっとり」であり、それが外ににじむほどであれば「じっとり」であり、湿気が過度であれば「じめじめ」であり、水が絶えず流れ出る状態は「じゃーじゃー」であり、水が揺れ動く様相は「じゃぶじゃぶ」であり、水滴が垂れる音は「ぽたぽた」であり、水が跳ねる有様は「ぴちゃぴちゃ」であり、水にひどく濡れる形容は「びしょびしょ」であり、水に何かが軽そうに浮かんでいるのは「ぷかぷか」、水に沈むさまは「ぶくぶく」、雨が降り出すのは「ぽつぽつ」、水中から泡が浮かびあがるのは「ぼこぼこ」、水を一気に飲み干すさまは「がぶがぶ」、水が何かに吸い込まれる音は「ごぼごぼ」そして、大波は「とどろ」に打ち寄せ、滝は「ごうごう」と落ち、石は水中に「どぶん」と沈み、水は「ばちゃっ」と跳ねかえり、夕立は「ざーっ」と襲い、梅雨は「しとしと」と降りつづく。

ああ、なんと多彩な水の表現であろうか!

ところで、「雨がしとしと降る」の「しとしと」という擬態語であるが、おそらくこの語は、「湿」という漢字の音から生まれたのであろう。その「湿」から「しっとり」も、「じゃぶじゃぶ」も、「じめじめ」も、「しゃーしゃー」も派生したものと思われる。が、ひとたびそのような音声がオノマトペとして使われるようになると、それは本来の語意から独立し、微妙な情感を育てあげることになる。たとえば、清音と濁音の使い分けがそうである。水には澄んだ清い水と、濁った水とがある。そうした水の様相は、そのまま音声にはねかえって、「しとしと」と「じとじと」が区別され、「しっとり」と「じっとり」、「しゃーしゃー」と「じゃーじゃー」、さらには「きらきら」と「ぎらぎら」、「はらはら」と「ばらばら」、「さーっ」と「ざーっ」という使い分けが成立した。そして清音は快く、濁音は不快感を伴う感覚語になったのである。

おなじ音を重ねても、それが清音であるか濁音であるかによって、意味や情感がすっかり変わるという日本語のオノマトペは、何と微妙な言語であろうか! そろそろ歩く、といえば、その歩き方は忍びやかで、もの静かな動作だが、それを、ぞろぞろ歩く、と濁れば反対に騒がしい多勢の人間の歩行のさまとなる。カラカラといえば軽やかな乾いた音だが、ガラガラと濁ると印象はまるでちがってくる。こうした例をあげればきりがない。

こころ

だれもが持っており、だれもが口にし、だれもが分かっているつもりで、しかも、あらためて考えてみるとその実体をつかむことができないもの — それが「こころ」ではなかろうか。こころは自分のなかのどのあたりにひそんでいるのであろうか。頭のなかか。胸のうちか。それとも腹の底か。

「ものいはぬは腹ふくるる」などといい、「腹が立つ」といい、「腹を割って話そう」ともいい、「腹黒い」といった表現もあるところをみると、日本人はこころの所在をどうやら腹部あたりに考えてきたようである。しかし、「胸に秘める」「胸が痛む」「胸が騒ぐ」、あるいは、「胸に手を当てて考える」とか、「胸をなでおろす」というような言葉遣いから考えると、日本人はこころのありかを胸に求めてきたふうにもとれる。それに対して「あたま」「かしら」「こうべ」、すなわち頭部を用いた表現は意外に少ない。「あたまにきた」とか、「あたまを使え」とか、「あたまが悪い」、「あたまが痛い」などともいうが、これらはいずれも近年の使い方で、表現の数から判断すると、日本人は長いあいだこころが胸と腹にすわっているように表象してきたのではあるまいか。

「こころ」という日本語には「心」という漢字が当てられている。そして「たましい」には「魂」が、あるいは「霊」が、さらに「精神」という漢語も「こころ」と同義として受けとられている。では、中国人はこころというものをどのように考えてきたのか。

「心」というのは第一に心臓のことである。そこから転じて「こころ」の意となった点は英語のハートと共通している。が、「心」には「まんなか」の意もあり、人間の肉体の中心ということからも、それが「こころ」へ通じているのであろう。では「魂」とは何なのか。中国人は人間のこころを「魂」と「魄」のふたつから成っていると考えた。天から享けたこころが「魂」であり、地から授ったこころが「魄」である、と。そして天から与えられた陽のこころ、すなわち魂は死ぬと天へのぼって行くが、地からもらった陰のこころ、魄は死後もこの世にとどまると信じてきた。とすると、そのような「魂」と「魄」に対して、「精神」や「心」や「霊」はどのようなこころを意味しているのだろうか。さすがの中国人も、こうしたさまざまなイメージをはっきりと区別したり、定義したりしていない。

私はふたたび何人かの中国の知人にそのニュアンスのちがいをきいてみた。が、だれも正確な答えを出してくれなかった。ただ、彼らのイメージを総合してみると、「心」というのは、どちらかというとこころの情緒的な面をあらわしており、それに対して「精神」というと知的なイメージが強く、「魂」は意志に重点がかかっており、「霊」となると、きわめてあいまいだ、とのことであった。厳密をとうとぶ中国人でも、それ以上の分析は哲学に譲らざるを得ないのである。そんなわけだから、日本人の考えている「こころ」の表象がきわめて漠然としているからといって、それを責めるのはむり難題というべきであろう。

✿ 作者: 森本哲郎 (1925～)

哲学者、社会学者、評論家。東京生れ。東京大学哲学科卒。朝日新聞学芸部 記者。『文明の旅』『生きがいへの旅』『すばらしき旅』『歴史の謎・文明の謎』など。

注

① 芭蕉(松尾芭蕉、1644～1694 / 寛永21～元禄7): 江戸前期 の俳人。1684年(貞享元年)、初めて旅に出て、風雲の中に真の詩境を発見し、閑寂の美を重んじた独自の俳風「蕉風」を開いた。

② 蕪村(与謝蕪村、1716～1783): 江戸中期の俳人画家。

③『古事記』: 現存する日本最古の歴史書・太安万侶編。

④ イザナギ・イザナミ: 天照大神の父母。

⑤ 天照大神: 高天原の主神・日の神・伊奘諾尊の女。

⑥ 葦原中国(あしはらのなかつくに): 日本国の古称。

漢字の読み方

俳句(はいく)	縁(えん)	大河(たいが)	浸(ひた)す
漂(ただよ)う	湿原(しつげん)	響(ひび)かす	擬態語(ぎたいご)
擬声語(ぎせいご)	敏感(びんかん)だ	水気(みずけ)	水滴(すいてき)
濡(ぬ)れる	夕立(ゆうだち)	襲(おそ)う	梅雨(ばいう)
多彩(たさい)	微妙(びみょう)	澄(す)む	清(きよ)い
濁(にご)る	軽(かろ)やかだ	乾(かわ)く	腹部(ふくぶ)
表象(ひょうしょう)	亨(う)ける	授(さず)かる	情緒的(じょうちょてき)
譲(ゆず)る	責(せ)める	厳密(げんみつ)	漠然(ばくぜん)
難題(なんだい)			

文型

(1) オノマトペが日本語の特質だといってもいいほどである。

・ミルクはよだれが出るほど飲みたいものだった。

・意識すればするほど緊張してきます。

・身のほどを知れ。

・おそいにもほどがある。

(2) さすがの中国人も……

・さすがの横綱もついに負けた。

・さすがの秀才にも解けない問題はある。

・さすがのチャンピオンも年齢には勝てなかった。

(3) だからこそ人類の文明は例外なく……

・きょうこそ勝って見せる。

・今度こそ容赦しないぞ。

・家庭にこそ対話をもたらさねばならない。

・高い声こそ私の唯一の自慢だった。

(4) さらにイザナギの命は川で……

・二千円では足りないのでさらに千円持ってきた。

・失敗したのでさらに作りなおした。

・お金も大事だが、さらに大切なものは時間だ。

熟語

目立つ　口にする　きりがない　ものいはぬは腹ふくるる

腹が立つ　腹を割って話す　腹黒い　胸に秘める

胸が痛む　胸が騒ぐ　胸に手を当てて考える

胸をなでおろす　あたまにくる　ゆずらざるをえない　あたまを使う

掘出しということ

青柳瑞穂

掘出しということは誰にとってもうれしいものに相違ない。散歩の途次、ふと立ちよった知らない古本屋で、かねがね自分のさがしていた絶版の詩集をみつけたり、場末のガラクタ屋で葡萄酒の栓抜きを買ったら、それには本場のフランス製のマークがついていたり、事はそれほど大でないにしても、喜びはいつも大きい。それは安い金で、より高価なものをせしめたという金銭的な喜びよりは、自分の幸運と自分の目をうれしく思うところの、むしろ、精神的な喜びであるようだ。デパートの特売場をあさる主婦たちにも、夢を追うこころは多分にあるかもしれない。

ともかく、何事につけ、掘出しというのは、うれしいものだ。しかし、何といっても、古陶磁、古書画の掘出しは、その最たるものであろう。掘出しという言葉は、書画骨董から来ているといってもいいくらいだから。

骨董であるからには、それは百年、二百年、何百年と、古いものでなければならない。従って、作者は現存していないのだから、果してそれが本物であるかどうか分らない。じっさい、この世界には偽物が横行している。その中から本物を、それも優れた本物を、拾いあげるのだから、まさに浜の真砂の中から、一粒のダイヤを探し出すようなものだ。骨董には偽物があるから、一方、掘出しもあるわけで、危険のともなわない掘出しはありえない。掘出しが特に貴重である理由もここにあろう。

それにしても、二十年、三十年と、この世界に沈面したほどの人なら、かならず何回かの掘出しものに遭遇したことだろう。遭遇—こんな言葉を使わなければならないほど、それは偶然のことであり、稀有のことであり、思いがけないことである。

人が掘出しをするには、いくつかの条件がそろう必要のあることは言うまでもない。ここに最も必要と思われるもの三つを選んでみた。すなわち、ウン(運)、ガン(眼)、キン(金)の三ンがそれである。

まず人はそれに出会う運(ウン)が必要である。ところで、掘出しものである以上、それは世間にザラにころがっているようなものである筈はなく、だから、一般的には知られていないもの、売る人も買う人も、初めてお目にかかるような性質のものでなければならない。だから、そういう珍しい品物に出会うウンは、いよいよ稀有なことになる。よし偶然に出会ったところで、それに注目するだけの眼(ガン)がなければならない。相手が一般的に知られていないもの、初めてお目にかかるようなものだけに、それに注目すること自体が困難であるのに、いわんや、そんなわけの分らぬものに金(キン)を出すのは、いよいよ困難になる。それもタダのような値段だったらともかく、思いがけなく高価だったら、やはり、後ずさりすることになり、せっかくの掘出しものを見送ってしまう場合が多いであろう。

キンの必要であることは言うまでもないが、この世界でのキンは、あくまでガンと結びついてのキンで、ガンさえあれば、キンの方は、安心して出すことも出来るし、思いきって出すことも出来よう。だから、ガンがすべてを決定することになるが、いかにガンがあっても、その物にめぐり会うウンがなければ仕方ない。一流の骨董店に行けば、そのような恵まれた品物はいくらでもあろうが、それは特殊な階級にしか許されないこと—僕が対象にしているのは、言うまでもなく、僕たち庶民の世界である。

かならずしも安く買うだけが掘出しではない。一万円するものを五千円で買ったところで、それはデパートの特売では通用するかもしれないが、美術品の掘出しであるからには、値段はともかくとして、新しい美の発見であってほしいものだ。

掘出しが新しい美の発見であるからには、それはその人にとって、新奇なもの、初めて見るもの、一つの驚きでなければならない。そして、その新しい美も、その人が時間をかけて十分に消化すれば、いつかはわが物となり、その美に精通し、ついには暗記するに至る。すでにそれは驚きではなく、普遍化された美である。

✿ 作者: 青柳瑞穂(あおやぎみずほ) (1899～1971)

仏文学者、詩人、美術評論家、骨董品収集家、随筆家。山梨県生れ。慶応義塾大学仏文科卒。『ささやかな日本発掘』『壷のある風景』『骨董夜話』、詩集『睡眠』『睡眠前後』、翻訳ルソー著『孤独な散歩者の夢想』など。

漢字の読み方

掘出し(ほりだ)	途次(とじ)	絶版(ぜっぱん)	金銭(きんせん)
特売場(とくうりば)	古陶磁(ことうじ)	古書画(こしょが)	骨董(こっとう)
偽物(にせもの)	横行(おうこう)	優れる(すぐ)	真砂(まさご)
一粒(ひとつぶ)	沈面(ちんめん)	遭遇(そうぐう)	品物(しなもの)
稀有(けう)	通用(つうよう)	精通(せいつう)	暗記(あんき)
普遍化(ふへんか)			

文型

(1) 何百年と、古いものでなければならない。

- すぐやらなければならないことがあります。
- 将来のことも考えてみなければならない。
- 汽車に間に合うためには急がなければならないんですよ。
- その件についてはもっと詳しく調べてみなければなりません。

熟語

危険をともなう　ザラにころがる　後ずさりする

第十四課

語彙から見た日本語

金田一春彦

表現は豊かに

語彙の数が多いことは、表現が豊かになるということで、その点、日本の文学者は幸せであると言っていい。英語ならば、I(アイ)としか言えないところを、

わたくし、わたし、あたし、わし、わっち、おれ、僕、拙者、身ども、それがし、手前ども……

の中から意に適うものを選ぶことができ、英語のワイフに当たる言葉として、

妻、女房、細君、家内、奥さま、おかみさん、夫人、奥方、やまのかみ、かあちゃん……

など、いくらでもあることを作家は感謝していい。

こういうことから、ほかの国で言えないことが日本語で言えるということはしばしばある。「何代目」「どこどこ」という例は前にあげた。フランス語では「深い」の反対を表わす「浅い」にあたる言葉がなく、「浅い」と言いたい時には「深くない」と言う。また、「高価だ」という言葉はあるが、「安価だ」という単語はなく、そう言いたい時には「高価でない」と言う。

ほしい単語

日本語の厖大な語彙層を誇りたいが、それでもこういう単語があったらと思うこともある。英語のnothingやnobodyにあたる単語はないが、これはまあ「何もない」「誰もいない」と言ってすませればいい。柳田国男は生前「日本語は形容詞が少ない」と言っていたが、たとえば「よい匂いがする」という形容詞がほしい。古くは「かんばしい」があったが、使われなくなって久しい。また、漢字の「速」と「早」とを二つともハヤイというのは不都合で、「はやく書け」と言われて、「すぐに書け」という意味か、「スピーディーに書け」という意味かわからない。それから子供が成長するのを「大きくなる」と言うが、これは体格がりっぱになった意味にもとれるから、「成長する」にあたる身近な和語がほしい。

語彙は未開人の言葉に多い

ところで、注意すべきは、語彙の豊富なのは、文明国の言語よりも、後進民族の言語の性格だといわれていることである。

かつて、フランスの文化人類学者レヴィ＝ブリュルは『未開社会の思惟』で、――南アフリカのバヴェンダ族では各種の雨にそれぞれ名前がある。彼らは各種の地形、潅木、草木の種類、どれ一つとして名前を持たないものはない――といったような報告をした。

C・レヴィ＝ストロースの『野生の思考』によると、フィリピンに住んでいるピカトゥボ族という黒人の言語では、男はたいてい誰でも少なくとも植物四五〇種、鳥類七五種、ヘビ・昆虫・魚・哺乳類のほとんどすべて、さらにアリの種類二〇種、食用キノコの種類四五種の名称を言うことができる、とある。

この意味では、日本語は未開民族の言語と似ていそうだ。が、また考えるべきことがある。

広い意味の言葉

イェスペルセンによると、未開人の言語には、単語の数の多いことのほかに、二つの特色があるそうだ。一つは、未開人の言語には、狭い意味の言葉がたくさんあるけれども、それを総括する広い意味の言葉が不足しているということである。たとえば、彼はオーストラリアの南の島タスマニアの部族の言葉の例を引いているが、その部族の言語には各種類のゴムの木にそれぞれ名前があるものの、「木」という一般的な意味を表わす単語はないのだそうだ。

同じような例として、アメリカ・インディアンの言語の一つであるチェロキー語は、たとえば「自分を洗う」「ほかの人の顔を洗う」「私の着物を洗う」……これらがみんなそれぞれ別の単語になっているが、これら全部を総括した「洗う」という抽象的な単語がないのだそうだ。つまり、総括した広い意味の言葉がない。これが未開人の多くの言語に見られることだという。

日本語をこの点で眺めてみたらどうなるか。和語に関する限り、古い時代には広い意味の言葉が不足していたようだ。たとえば、狐や狼をひっくるめた「獣」とか、あるいは、烏や雀をひっくるめた「鳥」とかいう言葉はあった。しかし、それら全体をひっくるめていう「動物」という言葉はあったか。「生きもの」という言葉はあったが、生きものというのは植物をもひっくるめていうとすれば、「動物」という単語はなかったことになる。「植物」の方はどうか。昔「草木」という言葉があったけれども、草木に入るのは、文字どおり草と木だけで、キノコとか海藻とかいうものは入らなかったのではないか。とすると、やはり「植物」にあたるような総括的な言葉がなかったことになる。

そういうわけで、昔は広い意味の言葉は少なかった。ただ、日本語には、「生きもの」という語にも含まれているが、「もの」という言葉があった。これは非常に広い意味をもっていた。「こと」もそうである。「もの」は目に見える形のあるもの、存在すべてを言うし、「こと」というのは抽象的に考えた対象すべてを言うわけであるから、ずいぶん広い意味をもっている。この二つの単語が昔から日本語にあったということは、和辻哲郎が『続日本精神史研究』の中でとりあげ、日本語は哲学的なことを考える場合に非常に有利である、と言っている。

抽象的な意味の単語

イェスペルセンは、もう一つ、未開人の言語の特色は、以上あげた総括的な意味の言葉がないことのほかに、抽象的な意味の単語が少ないということを言っている。ヴントの『民族心理学』によると、アフリカの南の方に住んでいる民族、ブッシュマンの言葉では、「彼は白人から親切に遇された」というのを、「白人は彼にたばこを与える。彼はこれを袋に詰めて吸う。白人は彼に肉を与え、彼はこれは食して幸福である」というように、具体的な表現で言うのだそうである。

この点、日本語はどうであるか。今の日本語にはもちろん抽象的な表現がたくさんあるが、しかし昔の和語の体系はそうではなかった。たとえば「こと」「とき」「まこと」「みさを」など、抽象的な言葉も幾つかあったが、全体としては少なかった。その後、日本語に抽象的な表現が生まれたというのは、中国から漢語が入ってきたお蔭で、「運」「勘」「根」あるいは「現在」「過去」「未来」あるいは「知識」「自然」のようなたくさんの抽象的な言い方を学んだ。さらに、明治のはじめにヨーロッパ、アメリカの文化に接したときに、漢字を組合わせてその単語を訳し、抽象的な意味の言葉をたくさん作った。「主義」「社会」「科学」「本能」……といった言葉はそうして出来たわけで、それ以後の日本語はそういう点では、抽象的な表現などたくさんあり、どんなことでも考えるのに不自由がないと言うことができるわけである。

語の体系

ドイツ語は日本語と並んで、あるいは恐らく日本語以上に多くの語彙を擁する言語であるが、羨ましいことがある。

それは単語と単語との関係が有機的に出来ていて、一つの単語の意味を理解すると、芋蔓式にたくさんの単語の意味が理解できることである。「仕事」はドイツ語ではArbeitというが、enをつけてarbeitenと言うと、「仕事をする」という動詞になる。日本ではこれを「仕事」とは全然似もやらぬ言葉で「働く」と言う。ドイツ語にはerがつくと「人」を表わすという規則があるから、ドイツ語ではArbeiterと言うと、「働く人」となる。日本語では「働き手」と言わないでもないが、「労働者」という別の言葉で言うのが普通である。Arbeitを与える人(geber)を、日本語では「雇い主」と言うが、ドイツ語ではそのまま付けてArbeitgeberと言う。日本語ではその場合に、「働き与え……」などとは言わない。

ヨーロッパ語の中で、フランス語はドイツ語と同じようなかなり組織立った言語であるが、英語は組織立っていない言語だ、という定評がある。例えば、「息子」はsonというが、「息子の」「子どもの」という意味の形容詞になると、filialという別の形になる。sunは太陽であるが、「太陽の」という場合にはsolarとなる。これは、形容詞の方はラテン系の言葉を使うからで、ちょうど日本で和語と漢語を使い分けているのと同じように、英語では本来の英語とラテン語とを使い分けている。

不合理な単語

英語の中には不思議な単語があって、全く同じ形でありながら意味が反対なものがある。defeatという言葉は、「負けること」と「勝つこと」の両方の意味があるそうだ。cleaveという言葉を辞引で引くと、「割れる」という意味と「くっつく」という全く反対の意味に使うと書いてある。

アジアの言葉では、中国語は、外来語が少ないところから、かなり体系的な言語である。が、中には、英語に見られる、まったく同じ形で正反対の意味をもつ語もないではない。例えば、中国語で「乱臣」とあれば、普通には「国を乱す臣」という意味で、『孟子』で「乱臣賊子」というときはまさしくその意味に使われている。ところが、これが、「論語」で、

武王曰「予有乱臣十人」

という時には、「国を治める忠臣」の意味だというから奇抜だ。また、「沽」という字は、「売る」の意にも「買う」の意にも使われる。

日本語にはこのような例は数多く、たとえば「先」という言葉は、「着いてみると、彼は先に来ていた」――このときは以前のことを表している。ところが、「着いてから先のことは、まだ決めていない」――このときは以後のことを表している。また「出郷」という言葉を辞書で見ると、(1)「都を出て地方に行くこと」、(2)「地方から都へ行くこと」としているものもある。これでは意味が全然反対だ。

そうかと思うと、打消しをしても意味が変わらない例がある。平安時代の「おぼろげならず」と「おぼろげに」とは同じ意味で、この言葉が古典に出てくると、注釈者は判断に苦しんだ。現在の日本語にもそういう例がある。たとえば、「とんだことだ」と言うが、「とんでもないことだ」という言い方もする。「とんでもない」というのは「とんだ」を打消すから反対になっていそうだが、意味は同じである。そういう点では、日本語は論理的ではない面がたくさんあるのかもしれない。

形は同じでも・・・

これと同じようなことながら、当然ちがった言い方で表すべきものを、同じ動詞が表すことが少なくない。「フトンを敷く」という場合、ザブトンの場合には、その上に座ることであり、敷蒲団の場合には、のべひろげることである。

もう少し変わった例としては、「先日」「先年」対「先月」「先週」の対立のようなものもある。「先日」「先年」の方の「先」は、「少し前の」の意味であり、「先月」「先週」の「先」は「直前の」の意味である。「保証人」は「保証する人」であるが、同じ構造をもつ「使用人」は「使用される人」であって一貫していない。「虎狩り」は虎を狩ることだが、「鷹狩り」は鷹を使って小鳥を狩ることだ。ユノミは茶碗のことであるが、サケノミは「さかずき」のことではない。「人一倍」の一倍が二倍の意味であるのがへんであれば、一周忌の翌年に「三回忌」が来るのも誤解を起こす。

金田一春彦「語彙から見た日本語」『日本語新版(上)』
(岩波新書, 1988)一部引用

✿ 作者: 金田一春彦(きんだいち はるひこ) (1913～2004)

言語学者。国語辞典の編纂、方言研究。東京大学卒。言語学者金田一京助の子。『日本語』『日本人の言語表現』など。

漢字の読み方

豊か(ゆた)	拙者(せっしゃ)	適う(かな)	女房(にょうぼう)
細君(さいくん)	奥方(おくがた)	厖大(ぼうだい)	誇る(ほこ)
思惟(しい)	灌木(かんぼく)	哺乳類(ほにゅうるい)	総括(そうかつ)
狐(きつね)	狼(おおかみ)	擁する(よう)	羨ましい(うらや)

芋蔓式(いもづるしき)	雇い主(やといぬし)	乱臣(らんしん)	臣(おみ)
乱臣賊子(らんしんぞくし)	孟子(もうし)	論語(ろんご)	治(おさ)める
奇抜(きばつ)	出郷(しゅっきょう)	敷蒲団(しきぶとん)	虎狩(とらが)り
鷹狩(たかが)り			

文型

(1) イェスペルセンによると、未開人の言語には、単語の数の多いことのほかに、二つの特色があるそうだ。

・おじいさんの話によると、おばあさんは若いころきれいだったそうです。

・「…おい、この列車番号の7というのは何か、駅に聞いてみろ」刑事の一人が電話をかけていたが、すぐに報告した。

「列車は東京発の下り博多までの特急だそうです。〈あさかぜ〉という名だそうです」

・何かの資料で読んだことがあるのですが、世界中で、トイレットペーパーに頼っている人間というのは、人口の約三分の一くらいだそうです。

・通産省に聞くと、品目で多少の差はあるが、だいたい電気製品の部品保存期間は六年というのが決まりだそうだ。

(2) 昔「草木」という言葉があったけれども、草木に入るのは、文字どおり草と木だけで、キノコとか海藻とかいうものは入らなかったのではないか。

・裁判のドラマは少なくない。が、裁判官を主人公にしたテレビドラマとなると、わが国ではあまり例がないのではないか。

・これは、政府に任せるのではなく、国民一人一人が考えるべき問題なのではないだろうか。

・これは緊急性を要する問題ですが、もう少し検討してから実行に移したほうがいいんじゃないでしょうか。

・ニートの問題は、個人個人の価値観が変わらなければ、解決しないのではないかと思われる。

(3)「主義」「社会」「科学」「本能」……といった言葉はそうして出来たわけで、それ以後の日本語はそういう点では、抽象的な表現などたくさんあり、どんなことでも考えるのに不自由がないと言うことができるわけである。

・〈あさかぜ〉が十五番線のホームにはいってくるのは、十七時四十九分で、発車は十八時三十分です。四十一分間ホームに停車しているわけです。

・さいわいぼくは、砂についての多少の研究もつんでいる。とくに深い関心を持っているんですよ。だから、こうして、わざわざこんな所までやって来たわけだ。

・駅前の電光掲示板に、台風が接近している旨のニュースが流れていた。なるほど、道理で風が強くなってきたわけである。

・「私、図鑑とか百科事典とかって、好きよ。見てるだけで、何だか楽しくなっちゃうもの」

・「道理でいろいろと妙なことを知っているわけだ」

第十五課

言いにくいことば

西尾実

子どものころ、わたしは「ノーの一語」という見出しの文を読んだことがある。それは、あるイギリス人の書いた本から訳したものだということで、「ノー」ということばは、ときとしてたいへん言いにくいことばであるが、言いにくいからといって、言うべきときに言わないでいると、相手に思いもよらない迷惑をかけることがある、という意味の文章であった。これは、おそらく、人間という人間が、生きていくあいだに、いくどとなくぶっつかる問題であると思う。わたしも、この問題について考えてきたことを書いてみたい。

人になにかをたのまれたばあい、なんとかして力になりたいと思っても、はじめからできないことがわかっているばあいもあり、また、力を貸すのが相手のためにいいことではないと考えられるばあいもある。そういうばあいでも、「ノー」ということばは言いにくい。しかし、言いにくいからといって、どっちつかずの返事をしておくと、かえって相手をこまらせることになる。また、相手が親切になにかをすすめてくれたり、協力してくれたりするとき、自分としては、その必要がなかったり、かえってつごうがわるかったりしても、それをはっきり言ってことわることは、なかなかむずかしい。そうかといって、それを受け入れてしまうと、むりができたり、愉快でなかったりして、かえって相手の好意にそむく結果になりやすい。こういうばあい、相手に自分のつごうをよく話して、気もちよくわかってもらえるだけの、人間としての力をやしなっていかないと、わたしたちは、この世の中に立って、自立性のある生活をしていくことはできない。

また、相手が熱心に主張していることに賛成できないようなばあい、それが年上の人ででもあると、ことに反対が言いにくいものである。そう言うばあいでも、相手を信じて、すなおに「ノー」と言う勇気が必要である。そうすれば、相手は、あんがいよろこんで聞いてくれることが多い。しかしまた、自分の意見も、自分が思うほどただしいものではないばあいが多いから、「それについて、わたしにはこう考えられますが」というように、参考意見として言うのがてきとうなばあいもある。そのほうが、自分も言いやすく、相手も聞きやすい。また礼儀でもある。—このことから考えてみても、否定のことばがどんなに言いにくいものであるかがわかる。わたしたちは、自分自身が否定されることがきらいなので、それを相手にむけていうのも、心ぐるしく感じるのであろう。

ところが、面とむかっている相手にはこれほど言いにくい否定のことばも、その人が場にいないときには、あんがい平気で言えるものである。しかし、その人のいるところで言えないことを、いないところでは平気で言うというようなことは、ひきょうなことである。このことを、わたしたちがはっきり自覚するとき、わたしたちの社会は、ずっと明るくなるにちがいない。

「ノー」も言いにくいが、それにたいする「イエス」にあたる、「ハイ」「ええ」「そうです」などということばも、なかなか言いにくいばあいがある。

おもしろく遊んでいるときに宿題をするように言われたり、だいじな勉強をしているときに用事を言いつけられたりすると、「はい」が言いにくいことは、だれでも小さいときから経験していることである。しかし、そういうとき、聞こえないふりをしていたり、顔をふくらせてしぶしぶ仕事にかかったりするようなことが習慣になると、それが性格のようになってしまう。自分のわがままでなく、ほんとうに勉強がまにあわないでこまるときは、わけを話して了解を得るというようにしていくことが、明るい、りっぱなやり方である。イギリスなどでは、労働争議でさえ、ごくしずかに話しあって解決するということであるが、こういうことも、小さいときから、自分を感情的に主張しないで、よく話して、はっきり相手にわからせるという習慣が身についているからであろう。

また、人のいうことに、どうしても賛成意見の言えない人がある。おおぜいで話しあっていても、異論のあるときだけ口を出して、いちいち人の説を訂正したり、否定したりするが、もっともなときは、口をつぐんで聞こえないかのようにしている。これは肯定よりも否定の好きな、いわゆるあまのじゃくな人間で、以前は老人などにはときどき見られる型であったが、今はそういう人は、ひじょうに少なくなったようである。けれども、よく反省したり観察したりしてみると、たいていの人に、時と場合によっては、あまのじゃく根性がはたらき出して、人の正しいことが正しいと言えず、いいことがいいと言えないような現象が起こる。それがどういう原因から起こるにしても、自己本位な、人間として幼稚な状態であることはあきらかであるから、つとめて、そういう自分の中のわだかまりをのりこえ、ひろい、公明な態度に立って、肯定·否定を正しく言うことが、他人にたいする、また自分にたいする、つとめだと思う。

そのほかにも、ことばの生活には、ときどき、言いにくいことばがあらわれて、わたしたちのことばを、にごらせたり、くもらせたり、ゆがませたりする。

「忘れました」も、そのひとつである。このことばを言うとき、知らないあいだに、わたしたちの声は小さくなったり、不明確になったりしやすい。ことに、忘れてはならないだいじな用事を忘れたときなど、「忘れました」は、いっそう言いにくいことばになって、なぜ忘れたかという言いわけのほうが、それよりもさきに口をついて出てくる。しかし、そういう言いわけは、じっさいには責任転嫁に聞こえるだけで、なんのききめもない。「忘れました。すみません」という、責任感から出たことばだけが、相手の心をほぐす力がある。それを言ったあとで、忘れるようになった事情をのべれば、それは責任のがれではなく、誠意のこもったことばとして、相手の心に通じるものである。

一般に、「ください」とか、「おねがいいたします」とかいう依頼のことばや、「すみません」とか、「ゆるしてください」とかいうようなわびのことばも、言いにくいものである。ことに、まだことばの生活にじゅうぶんなれていない少年や青年のころには言いにくい。そのために、つい、言うのをためらったり、ことばをあいまいにしたりして、卑屈な態度になりやすい。あるいはまた、まともに「申しわけありません」と言うかわりに、「おわびにきました」というような言い方になりやすい。それではおわびの真実はあらわれない。言いにくさを押しきって言う声やすがたにこそ、おわびの真実があらわれて、相手の心を動かすのである。そのようにだいじな、しかも、ことばとしてみればほんのかんたんなひとことが、どうしてそんなに言いにくいのであろうか。それは、こういうことばは、自分の失敗や、欠点や、無力さを、みずからみとめる自己否定のことばだからである。

しかし、自己を否定するとは、自分の全体をだめだとしてしまうことではない。自分のここがまちがっていたとか、この点がたりなかったとか、自分からはっきりみとめて、それを否定することである。そうすることで、わたしたちは明るくなり、つよくなる。とはいっても、自分の全部を肯定して、自分だけは完全なもののように思っていたいのが人情であるから、だれでも、自分の欠点をみとめたり、みとめられたりすることは、本能的にさけようとするのである。

こういう類の言いにくいことばをほんとうに征服することができたとき、人間としての真実が開けてくる。また、人間としての真実があらわれるとき、言いにくいことばも征服される。そういう真実に立ってものを言うとき、そのことばはよく相手に通じるだけでなく、ことばのひびきも、すがたも、すっきりしてくるのである。

✿ 作者: 西尾実（にしおみのる） (1889～1979)

日本語学者。長野県生れ。東京大学修了。『文芸作品研究序説』『言葉と文化』『つれづれの世界』『世阿弥能芸論』など。

漢字の読み方

迷惑（めいわく）	文章（ぶんしょう）	貸（か）す	協力（きょうりょく）
生（い）きる	愉快（ゆかい）	世（よ）の中（なか）	熱心（ねっしん）
主張（しゅちょう）	年上（としうえ）	勇気（ゆうき）	用事（ようじ）
了解（りょうかい）	得（え）る	労働争議（ろうどうそうぎ）	訂正（ていせい）
肯定（こうてい）	否定（ひてい）	反省（はんせい）	根性（こんじょう）
現象（げんしょう）	幼稚（ようち）	責任転嫁（せきにんてんか）	依頼（いらい）
卑屈（ひくつ）	欠点（けってん）	類（たぐい）	征服（せいふく）する

文型

(1) そうかといって、それを受け入れてしまうと、むりができたり、愉快でなかったりして、かえって相手の好意にそむく結果になりやすい。

・このシャープペンシルは書きやすい。

・あの薬はあまくて飲みやすい。

・この漢字はまちがいやすい。

・このごろはかぜを引きやすい。

・この辞書は引きやすい。

(2) あるいはまた、まともに「申しわけありません」と言うかわりに、「おわびにきました」というような言い方になりやすい。

・紙のかわりにビニールを使っています。

・この辺は静かなかわりに交通が不便です。

・それは弟のかわりに私がします。

・このごろはコーヒーのかわりに紅茶を飲むことにしています。

・母が留守なので、母のかわりに食事の支度をしました。

(3) そのことばはよく相手に通じるだけでなく、ことばのひびきも、すがたも、すっきりしてくるのである。

・金さんはスポーツならテニスだけでなく、スキーも上手です。

・今年の冬は寒いだけでなく、雪も多いですね。

・朴さんは頭がいいだけでなく、性格もいいです。

・外国語なら日本語だけでなく、フランス語もできます。

・この品物は値段がやすいだけでなく、品質もいい。

熟語

迷惑をかける　力を貸す　身につく　口を出す

第十六課

わたし的にはOKです

砂川有里子

[質問] 「的」という接尾語はいろいろな語に付けて使いますが、最近の「わたし的にはOKです」などの使い方は行き過ぎではないでしょうか。

[答え] この言い方は行き過ぎだと感じる人が多いようですが、近ごろはずいぶん頻繁に耳にするようになりましたね。

「わたし的」を言いかえれば「私としては」となりますが、この表現は「他の人はともかく、自分はこう考える」という気持ちを表します。他の人の別の意見があることを認めた上で自分の意見を述べるという述べ方ですから一見思慮深い述べ方のように思われますが、その陰にはストレートに自分の意見を言おうとしない〈逃げ〉の姿勢が感じられます。

「わたし的」に類する表現としては「気持ち的には若いつもりだ」「暮らし的には変わりがない」「お仕事的には楽しんでます」などがあります。「気持ちの上では」「暮らしについては」「仕事に関しては」のように、以下に述べることがらの範囲を限定するという意味を表すものですが、これらもまだ十分に自然なものとしては受け入れられていない表現です。

以上は、〈～に関する〉〈～についての〉のような意味を表す「的」の用法から拡張して用いられたものですが、「的」にはもうひとつ〈そのものズバリではないが、それに似ている〉〈そのような性質を帯びている〉という意味があります。「動物的な感性」「女性的なしぐさ」などの言い方です。最近ではそのような使い方の中にも多少不自然に感じられる言い方が増えてきました。「普通の暮らし的な生活をしてみたい」「うわさ的な話を聞いた」「こども的な男は嫌い」などです。そのほかに、「今までのは全部うそ的なことを言われ」や「『嫌ならやめろ！』的な考え」などのように、少々長い句に「的」がつく言い方も見受けられます。長い句に付く言い方は明治時代にも「動(やや)もすれば俗になる。突拍子もねえことを言やあがる的になる」(二葉亭四迷『余が言文一致の由来』)のようなものがあったそうですので、ことさら目新しいものではないのですが、そのものズバリと言えばいいところをあいまいにしたり、人の言葉を借りて表現したりしているという感じはぬぐえません。

「的」というのは元来は名詞に付いて形容動詞を作る接尾語です。多くは漢語に付きますが、「メルヘン的」「マニュアル的」のように外来語の名詞を形容動詞に変える働きもします。しかし和語に付くことはほとんどなく、逆引き辞典で調べても「ぬえ的」ぐらいしか見つかりません。「お金的には不自由しない」は許容できないが「金銭的には不自由しない」なら許容できると感じる人が多いと思いますが、この違いは和語か漢語かの違いによるものです。さらに、本来は名詞に付く語なのに、最近では「マニアック的」「乙女チック的」など形容動詞に付く例さえ見られるようになっています。

このように「的」が流行る背景には、ものごとをはっきり言わないであいまいにぼやかす最近の風潮が影響を及ぼしているものと思われますが、それに加え、「的」を使えば厳密な表現を使い分けなくてもよいという便利さもあります。「的」を使わないで表現するとなると「私としては」「気持ちの上では」「内容に関しては」「生活の点では」など、さまざま表現を言い分けなければなりません。しかし「的」を使うことによっていとも簡単にその煩雑さを回避できるのです。

「的」が持つこのような手軽さは、これからもさらに多くの「的」表現を生むのではないかと思われます。話し手にとっては楽な表現ですが、聞き手には正しく伝わらない表現であることを自覚して、教育やマスコミの現場では安易な「的」表現を使わない・使わせないことを目指したいものです。

砂川有里子「わたし的にはOKです」『問題な日本語』
(大修館書店, 2011)一部引用

✿ 作者: 砂川有里子（すなかわゆりこ） (1949〜)

日本語学者。筑波大学教授。『教師と学習者のための日本語文型辞典』『日本語教育研究への招待』など。

漢字の読み方

接尾語（せつびご）	頻繁（ひんぱん）に	思慮（しりょ）	範囲（はんい）
拡張（かくちょう）	性質（せいしつ）	帯（お）びる	突拍子（とっぴょうし）
二葉亭四迷（ふたばていしめい）	余（よ）	言文一致（げんぶんいっち）	由来（ゆらい）
元来（がんらい）	外来語（がいらいご）	和語（わご）	逆引（ぎゃくび）き
許容（きょよう）	乙女（おとめ）	流行（はや）る	風潮（ふうちょう）

及(およ)ぼす　煩雑(はんざつ)　手軽(てがる)さ　現場(げんば)
安易(あんい)　目指(めざ)す

文型

(1) この表現は「他の人はともかく、自分はこう考える」という気持ちを表します。

- 理由はともかく、いい年なんだから喧嘩はだめでしょう。
- 成績はともかく、甲子園本選進出自体に意義がある。
- 文明はともかく、地球外生命体がいつ見つかってもおかしくない。
- 築地にあるキャンプ場は、平日はともかく、年末まで日曜日は満杯だ。

(2) 他の人の別の意見があることを認めた上で自分の意見を述べるという述べ方ですから…

- 野党の政審事務局は「法案を見た上で対応を決める」と言った。
- 貴社の提案には、よく考えた上で、返事をするつもりです。
- まず調査した上で見解を述べる。
- 宣誓をした上でうそを言うと、偽証罪に問われることがあります。

(3) 「的」を使わないで表現するとなると「私としては」「気持ちの上では」「内容に関しては」「生活の点では」など、さまざま表現を言い分けなければなりません。

- 大したことでなくても，義父さんから電話があるとなると緊張します。

・最近の電子機器はその機能が多様で便利そうだが、いざ買うとなると、何を基準に選んで良いのか迷ってしまう。
・答案を頭で考えると簡単そうだったが、書くとなるとなかなかペンが進まなかった。
・自然保護に反対する人は一人もいないだろうが、活動への参加となると話は変わってくる。

第十七課

タテ社会の人間関係

中根千枝

「ウチの者」「ヨソ者」意識

「ウチ」「ヨソ」の意識が強く、この感傷が尖鋭化してくると、まるで「ウチ」の者以外は人間ではなくなってしまうと思われるほどの極端な人間関係のコントラストが、同じ社会にみられるようになる。知らない人だったら、つきとばして席を獲得したその同じ人が、親しい知人(特に職場で自分より上の)に対しては、自分がどんなに疲れていても席を譲るといった滑稽な姿がみられるのである。

実際、日本人は仲間といっしょにグループでいるとき、他の人々に対して実に冷たい態度をとる。相手が自分たちより劣勢であると思われる場合には、特にそれが優越感に似たものとなり、「ヨソ者」に対する非礼が大っぴらになるのが常である。この態度が慣習的となって極端にあらわれる例は、離島といわれる島の人たちや、山間僻地に住む人々などに往々にして示される、冷たさや疎外の態度である。自分たちの世界以外の者に対しては、敵意に似た冷たささえもつのである。

インドには、周知のように、数多い異なるカースト集団が存在するが、そのカースト・ヒェラルキーの最下層に属する人たちに対してさえ、日本人の場合にみられるような、感情的な差別を露骨にあらわす態度はみられない。もっと自然であり、それは日本人にはなかなかまねのできない「無関心」の態度である。

どこの社会にも、もちろん「私たち」という特別の親愛関係、同類意識をあらわす社会学的概念がある。しかし、それは「私たち」の内容を説明する必要性のあるときに使われるものであり、他人から自分たちを故意に区別したり、排他性を誇示するために使われるものではない。むしろ排他性を出すのを極力さけようとするマナーすら発達している社会も少なくない。

たとえば、アメリカ滞在中、私がいつも印象深く感じたのは、大学で中国人の学者たちが三、四人で中国語で話し合っているところに、私たちが通りかかると、とくにその連中に用事があるのでもないのに、彼らはたちまち英語にきりかえるのが常であった。少なくとも行動の上では、他の人々との間に壁をつくらないというマナーがある。無意識にも、また故意にも、壁のあることを示してしまう日本人とは対照的である。

他の諸社会における「私たち」というものは、それ以外の人々(ヨソ者)という区別にも使われうるが、それと同時に、社会には「私たち」に対応する同じような集団がいくつもあり、そのなかの一つが自分の属する特定の「私たち」であるという認識があり、「私たち」はこれら他集団との円滑な関係をもつことによって、社会生活がつつがなく行なわれていくという解釈にたっている。したがって、日本人の「ウチ」の概念のように独立性が強くならず、また現実行動における極端な排他性もみられない。

日本による「ウチ」の認識概念は、「ヨソ者」なしに「ウチの者」だけでもやっていける、というきわめて自己中心的な、自己完決的な見方にたっている。

さらに、ここで重要なことは、AとBがそれぞれ明確に一定の資格による集団(インドのカーストのように)であると、グループの性質、内容がまったく異なるものであるために、なにも故意に行動によって区別する必要もない、ということである。日本社会は、全体的にみて非常に単一性が強い上に、集団が場によってできているので、枠をつねにはっきりしておかなければ—集団成員が自分たちに、つねに他とは違うんだということを強調しなければ—他との区別がなくなりやすい。そのために、日本のグループはしらずしらず強い「ウチの者」「ヨソ者」意識を強めることになってしまう、という集団構成の質のあり方が問題であろう。

この指向があまりに強調されるために、日本人にとっては、「ウチ」がすべての世界となってしまうのに対して、インド人の場合は、自分たちの集団は、全体の中の一つであるという余裕のある認識をもちうるものと思われる。

「ヨソ者」意識が生む非社交性

この社会的な認識の相違は、日本人同士、インド人同士の接触のあり方にもはっきりあらわれている。たとえば、外国滞在の経験をもつものなら誰でも思い起こすことができよう。日本人同士が偶然外国で居合わせたときに起こる、「冷たさ」を通りこした「いがみ合い」に似たあの「敵意」に満ちたような視線のやりとりは、まったくお互いにやりきれないことだ。

これを私なりに分析すると、知らない人はすべて「ヨソ者」で、「ヨソ者」とは知的にも情的にも交流した経験のない不安定さが、自分をいらだたせ、それが異人種の中で生活する孤独さの中で、突然言葉の通ずる同類を発見したという驚きと混合して、その自己の弱みをカバーするためにつくられた虚勢ではないかと思われるのである。

こうした日本人の行動というものは、日本社会のあり方と密接につながっていると考えられるのである。

この例によって浮き彫りされた日本人の姿というものは、俗的に表現すれば「社交性の欠如」に尽くされる。こんなとき、まったく同じ条件におかれたインド人や中国人がどのように振舞うかをよく観察して、比較してみるといい。何とスムーズに如才なくいくことか！

インド人や中国人にとっては、実際に知らない人々の中につねに「見えないネットワーク」によって結ばれている人々がいるという大前提がある。それは、同一血縁の者か、同業者か、何らかの同一資格によって結ばれる人々である。知らないからといって日本人のように、「ヨソ者」とは限らないのである。

✿ 作者: 中根千枝(なかねちえ) (1926〜)

社会人類学者。東京都生れ。東京大学東洋史学科卒業。東京大学東洋文化研究所教授。『タテ社会の人間関係 単一社会の理論』『社会人類学 アジア諸社会の考察』など。

漢字の読み方

尖鋭化(せんえいか)　極端(きょくたん)　知人(ちじん)　職場(しょくば)
滑稽(こっけい)　劣勢(れっせい)　離島(りとう)　山間僻地(さんかんへきち)
疎外(そがい)　周知(しゅうち)　露骨(ろこつ)　故意(こい)
排他性(はいたせい)　誇示(こじ)　連中(れんちゅう)　円滑(えんかつ)
異なる(こと)　単一性(たんいつせい)　枠(わく)　指向(しこう)
余裕(よゆう)　偶然(ぐうぜん)　居合わせる(いあ)　分析(ぶんせき)
異人種(いじんしゅ)　混合(こんごう)　虚勢(きょせい)　浮き彫り(うぼ)
俗的(ぞくてき)　欠如(けつじょ)　振舞う(ふるま)　如才ない(じょさい)

文型

(1) むしろ排他性を出すのを極力さけようとするマナーすら発達している……。

・子供はいろいろなことを知ろうとする。

・彼は体の調子が悪いのに、医者にみてもらおうとしない。

・いくら注意しても、いたずらをやめようとしない。

・あの事件は、忘れようとしても忘れることができない。

・花を摘もうとして足をすべらし、川に落ちてしまった。

(2) あの「敵意」に満ちたような視線のやりとりは、まったくお互いにやりきれないことだ。

・朝のラッシュ時には、電車に乗りきれないで残る人がいつもいる。

・あの人は変わっていて、勝手なところがあるでしょう、私には付き合いきれませんね。

・こんなにたくさんいただいて、食べきれません。

・あまりスピードを出し過ぎていたので、カーブが充分に曲がりきれなかったのでしょう。

(3) 何とスムーズに如才なくいくことか。

・この大都会の生活と自分たちの生存とはいざとなると何と無関係のことか。

・このなぜということばの物陰で、どれほど骨身を削る想いをしてきたことか。

・だがおれの姿はなんと彼らによく似ていることか。

(4) 知らないからといって日本人のように、「ヨソ者」<u>とは限らない</u>のである。

・お金持ちがしあわせとは限らない。

・努力した者が成功するとは限らないが、成功した者は努力している。

・名月は満月とは限らない。

・誰とでも友達になれるとは限らない。

熟語

壁をつくる　　壁がある　　しらずしらず

第十八課

田園雑感

寺田寅彦

現代の多くの人間に都会と田舎とどちらが好きかという問いを出すのは、蛙に水と陸とどっちがいいかと聞くようなものかもしれない。

田舎だけしか知らない人には田舎はわからないし、都会から踏み出した事のない人には都会はわからない。都鄙両方に往来する人は両方を少しずつ知っている。その結果はどちらもわからない前の二者よりも悪いかもしれない。性格が分裂して徹底した没分暁漢になれなくなるから。それはとにかく、自分は今のところでは田舎よりも都会に生活する事を希望し、それを実行している。

田舎の生活を避けたい第一の理由は、田舎の人のあまりに親切な事である。人のする事を冷淡に見放しておいてくれない事である。たとえば雨のふる日に傘をささないで往来を歩きたいと思ったとしても、なかなかそうはさせてくれない。鼻の先に止まった蚊をそっとしておきたいと思っても、それは一通りの申し訳では許されない。

親切であるために人の一挙一動は断えず注意深い目で四方から監視されている。たとえば何月何日の何時ごろに、私がすすけた麦藁帽をかぶって、某の橋を渡ったというような事実が、私の知らない人の口から次第に伝わって、おしまいにはそれが私の耳にもはいるのである。個人の一挙一動は寒天のような濃厚な媒質を透して伝播するのである。

反応を要求しない親切ならば受けてもそれほど恐ろしくないが、田舎の人の質樸さと正直さはそのような投げやりな事は許容しない。それでこれらの人々から受けた親切は一々明細に記録しておいて、気長にそしてなしくずしにこれを償却しなければならないのである。

そこへ行くとさすがに都会の人の冷淡さと薄情さはサッパリしていて気持ちがいい。大雨の中を頭からぬれひたって銀座①通りを歩いていてもだれもとがめる人もなければ、よけいな心配をする人もない。万一受けた親切の償却も簡易な方法で行なわれる。

それだから一見閑静な田舎に住まっていては、とても一生懸命な自分の仕事に没頭しているわけにはいかない。それには都会の「人間の砂漠」の中がいちばん都合がいい。田舎では草も木も石も人間くさい呼吸をして四方から私に話しかけ私に取りすがるが、都会ではぎっしり詰まった満員電車の乗客でも川原の石ころどうしのように黙ってめいめいが自分の事を考えている。そのおかげで私は電車の中で難解の書物をゆっくり落ち付いて読みふける事ができる。宅にいれば子供や老人という代表的田舎者がいるので困るが、電車の中ばかりは全く閑静である。このような静かさは到底田舎では得られない静かさである。静か過ぎてあまりにさびしいくらいである。

これで都会に入り込んでいる「田舎の人」がいなければどんなに静かな事であろう。

✿ 作者: 寺田寅彦（てらだとらひこ） (1878～1935)

物理学者、随筆家。東京生れ。熊本第五高で夏目漱石に学ぶ。東京大学卒。『冬彦集』『藪柑子集』『万華鏡』など。

注

① 銀座: 東京都中央区の中心街。北は京橋から南は新橋に至る街路を中心に東西にわたる一帯の繁華な地。

漢字の読み方

田舎（いなか）	蛙（かえる）	陸（おか）	都鄙（とひ）
往来（おうらい）	没分暁漢（ぼつぶんぎょうかん）	冷淡（れいたん）	蚊（か）
一通り（ひととおり）	一挙一動（いっきょいちどう）	麦藁帽（むぎわらぼう）	某（なにがし）
寒天（かんてん）	濃厚（のうこう）	媒質（ばいしつ）	伝播（でんぱ）
反応（はんのう）	質樸（しつぼく）	気長（きなが）	償却（しょうきゃく）
薄情（はくじょう）	簡易（かんい）	閑静（かんせい）	没頭（ぼっとう）
砂漠（さばく）	呼吸（こきゅう）	川原（かわら）	宅（うち）
到底（とうてい）			

文型

(1) たとえば雨のふる日に傘をささないで往来を歩きたいと思ったとしても、なかなかそうはさせてくれない。

・寒い朝は目がさめても、ふとんからなかなか出られない。
・最近の若い人は、政治になかなか関心を持とうとしない。
・私は心配事があるとなかなか眠れず、寝たと思ったら朝になっている。
・宿題の作文を半分ぐらい書いたが、むずかしいのでなかなか完成できないでいる。
・上司がなかなか仕事から帰らせてくれません。

(2) だれもとがめる人もなければ、よけいな心配をする人もない。

・様々な料理がきれいに並んでいる。フランス料理もあれば、中国料理もすしもある。
・私には金もなければ、権力もない。
・体力向上のために、山にも登れば水泳もする。
・彼は才能の豊かな人で、歌も歌えば、絵もかく。
・アメリカの家は部屋数も多ければ、庭もはるかに広い。

(3) とても一生懸命な自分の仕事に没頭しているわけにはいかない。

・こんなむずかしい問題は、私にはとてもできません。
・こんな厚い本は、一日ではとても読むことはできません。
・東京は土地が高いので、サラリーマンには家はとても建てられません。
・どんなに勉強しても、私はあの大学にはとても入れそうもない。

・これ以上速くはとても走れない。

(4) これで都会に入り込んでいる「田舎の人」がいなければどんなに静かな事であろう。

・その家を買うことができたらどんなにいいでしょう。

・希望していた大学へ入れた学生は、どんなにうれしいだろう。

・彼がオリンピックで優勝するまで、どんなに練習したことだろうか。

・子供一人でどんなに心細いことであろう。

・あなたに「好き」と言われたらどんなに嬉しいだろう。

熟語

それはとにかく　　都合がいい

出会ったこと·忘れ得ぬこと

芥川也寸志

あまり名誉な話ではないが、私の家へは三回、泥棒の来訪があった。いずれも気のやさしい泥棒だったらしく、こわい思いをしたことは一度もなかった。

一度目は、来訪のあったことすらまるで知らなかった。あれは、やはり、泥棒のテクニックというものなのだろう。一例をあげれば、こういうことになる。

たまたまそのとき、新品のワイシャツが三枚、箱に入ったまま洋服ダンスの上につんであった。それを見た彼氏は、一番上の箱にはまるで手をつけないで、二番目と三番目の中味だけを頂戴し、またもとどおりに三つの箱をきちんとつんでおいたのである。

万事この調子で見事にやられてしまい、家の中は前の日よりむしろきれいに片付いているくらいで、彼氏の来訪をうかつにも気づかずにいた。

それを知ったのは、数か月も後のことであった。一人の警官が家を訪ねて来て、こう言った。

「お宅に入った泥棒がつかまりました」

この時まで、わが家が探されていたなどとは夢にも思わなかった私は、あわてて警官の言葉をさえぎった。

「とんでもない。泥棒なんか入りません」

「いや、たしかに泥棒が……」

「いや、とんでもない……」

ひとしきり、こんな変な押し問答が続いた。困った警官は、手帳をひらいていくつかの品目を読み上げ、一応それがあるかどうか調べてほしいと言った。馬鹿馬鹿しいとは思ったが、まあ念のため調べてみたところ、ざっと先程書いたような次第で、さんざん警官に向かって啖呵をきった手前、何とも格好のつかないこととなった。

警官の話によると、この泥棒は音楽が何よりも好きで、理屈にあわぬ話だとは思うが、音楽家の家ばかりをねらって入っていたという。最後は、戦前から演歌を書き続けていたこの道の大作曲家宅で、邸宅にしのび込んだまではよかったが、あまりの広さに道に迷い、外に出られなくなってつかまってしまったのだそうだ。

二度目の来訪は、翌朝、すぐにそれとわかった。書斎が少し乱され、窓もこわされていた。ところが、いくら考えても、盗まれたものがわからない。カメラ、テープレコーダー、タイプライター、そのほかすぐに持ち出せそうな品物はみんなそろっているし、ピアノや家具類なども何一つ損傷がない。

たった一つ盗まれたものを見つけるまでには、かなりの時間がかかった。それは、もう半分ぐらいしか残っていない、小さなチョコレートの箱であった。前の晩、仕事をしながらかじったチョコレートの食べ残しだけが、室の中から消えていた。

チョコレートを見てわが子を思い出し、急に仏心が起きたのが、前の来訪者と同様、この泥棒もあまり憎む気がしなかった。

三度目の来訪者は、ちょっといけなかった。眠っていた母の枕元から、現金を持っていった。そればかりではない。私がこの来訪者を憎むのは、故意ではなかろうが、主人の留守の間にしのび込んだということと、この事実をまったく意表をつく方法で主人に知らせ、彼を大いにあわてさせたということである。

そのころは、オーケストラの合宿練習によく出かけていた。オーケストラといっても、構成メンバーはサラリーマンや、学生や、主婦などのアマチュアの団体で、創立以来私が指揮をしている新交響楽団。アマチュアとはいえ、かなり程度は高く、海外遠征もやれば、ちょっとプロもたじろぐような難しい曲目を平気で組むたのもしい連中で、みんな音楽が飯よりも好きという具合だから、合宿ともなれば、一日じゅう楽器を鳴らす。練習時間が過ぎれば、同好の者ばかりだから話ははずむし、時にはドンチャン騒ぎ、その気分を味わいたいばかりに、遠くまで楽器をかついで出かけるということになる。

そのときも、ちょうど二泊三日の軽井沢①での合宿練習の帰り道であった。まだ今ほど車の多くない時代だったので、東京へ向かう車には同乗の希望者が殺到した。私の車にも、定員いっぱいのメンバーが乗り込み、ガヤガヤ、ワイワイとにぎやかな会話をのせて、車は国道十七号を東京へ向かった。

この同乗者の一人に、浦和②在住の女性バイオリニストがいた。国道からちょっと入ったところだというし、女性でもあるし、なんでも会社の都合を無理につけて合宿に参加したという話でもあるし、ついでに家まで送るべし、ワイワイ、ガヤガヤということになって、彼女の自宅の前まで来てしまった。

ここからが問題の部分である。義理堅い彼女は、私に送ってもらったことを両親に告げた。まあこれが自然のなりゆきというものだろうが、ご両親は、折角だからお茶の一杯でも、と休んでいくことをすすめてくださり、同行の面々もあつかましいことでは人後に落ちない連中なので、すぐに、それではお言葉に甘えて、ということとなった。

応接間の片隅にはテレビがあって、だれかがスイッチをひねった。衝撃が襲ったのは、すぐその後だった。

あれは、多分三時のニュースだったと思う。印象に残っているのは、真青な画面に真白な横書きの文字である。それはまさしく、私の住所と、私の姓名。そして、いやに落ち着きはらったアナウンサーが、昨夜、泥棒が入ったこと、現金が少し盗まれたこと、などを告げているではないか。

私も驚いたが、まわりの連中も驚いた。みんな驚いて、それ電話ということになった。ダイヤルを回す指先も、ワナワナと震えた。

電話口に出てきた母は、いとも落ちつきはらって、コソ泥のたぐいだから心配することはないよ、と言う。こちらのあわてぶりを、まるでたしなめるかのごとき口調である。

「今、テレビのニュースで知ったんですよ!」

「えッ、テレビ……?」

このときの母のびっくり仰天ぶりは、相当なものであった。私に心配をかけまいとして冷静に振る舞った明治生まれでしっかり者の母も、現代的なマスメディアの威力とおせっかいぶりに度胆を抜かれたのであろう。

この次第で、この第三の来訪者だけは、どうしても許すわけにはいかないのである。

✿ 作者: 芥川也寸志(あくたがわやすし) (1925〜1989)

作曲家。東京生れ。芥川竜之介の三男。東京音楽学校卒。『現代人のための音楽』『音楽の基礎』『音楽の遊園地』など。

注

① 軽井沢: 長野県北佐久郡にある避暑地。

② 浦和(市): 関東地方の南部、埼玉県南部に存在した市。2001年に大宮市、与野市と合併してさいたま市となり消滅。現在、旧浦和市域を総称して浦和地区ともいう。

漢字の読み方

名誉（めいよ）	泥棒（どろぼう）	新品（しんぴん）	頂戴（ちょうだい）
押し問答（おしもんどう）	馬鹿馬鹿しい（ばかばかしい）	先程（さきほど）	啖呵（たんか）
理屈（りくつ）	邸宅（ていたく）	損傷（そんしょう）	仏心（ぶっしん）
枕元（まくらもと）	意表（いひょう）	新交響楽団（しんこうきょうがくだん）	殺到（さっとう）
義理堅い（ぎりがたい）	人後（じんご）	片隅（かたすみ）	衝撃（しょうげき）
真青（まっさお）	真白（まっしろ）	仰天（ぎょうてん）	威力（いりょく）
度胆（どぎも）			

文型

(1) その気分を味わいたいばかりに………

・ゆだんしたばかりに事故を起してしまった。

・あなたが大声を出したばかりに、子どもが泣きだしてしまった。

・私が教えてやらなかったばかりに、彼はとんだ失敗をしてしまった。

- 金がないばかりに、今度の旅行には行かれない。

(2) 私に送ってもらったことを両親に告げた。

- お城へ出発するときにも見送ってもらった。
- 僕は友達に宿題の答えを教えてもらった。
- 今度の集まりの時には先生に講演をしてもらおう。
- その費用は会社に出してもらいましょう。

(3) どうしても許すわけにはいかないのである。

- さむい冬でも家の中にばかりいるわけにはいかない。
- 試験勉強のため、今から寝るわけにはいきません。
- 母が病気だと聞けば心配しないわけにはいきません。
- それは貴重な文化遺産なので、保存しないわけにはいかない。

熟語

格好がつく　　人後に落ちる　　衝撃が襲う　　びっくり仰天
度胆を抜く

第二十課

しぐさの日本文化

多田道太郎

へだたり

へだたりを感じる、といえば対人心理をあらわすことばだ。わけへだてする、といえば対人の社会心理をあらわすことばだ。いずれにせよ「へだたり」とはおもしろいことばである。単純な距離ではない。距離による人間関係、およびそれにまつわる心理がこの一語にこめられている。

学校の教師をしていていつもおもしろくもふしぎにも思うのは、教室で学生たちが教師といつも一定の距離をおきたがることだ。百人ほどはいる教室で二、三十人しか学生のいないばあい、その学生たちは、なるべく教師から遠いところへ、壁にそうて「散開」している。彼らは教師とある「へだたり」を感じており、それを物理的間隔によって表現しているのである。

もっとも、大講堂かなにかで壁ぎわまで教師の声のとどかないような時には、事態はもう少しこみいってくる。声のとどく範囲に、しかし、教師とのへだたりを計って、学生たちは慎重に場所えらびをやっている。

教師はなるべく学生たちに身近に来てほしい。そのとき教師は、学生をさしまねくのである。「まねく」とはへだたりをとろうという意思表現である。ひとを自宅に招待するのを「まねく」というのは、対人距離をちぢめたいということである。また「お近づきのしるしに」などといって物をさしだすのは、その物を相手にさしだすことで、相手との距離感をちぢめることである。文字どおり「近づく」ことで、お近づきになるのである。

時代映画などで、ふすまの向こうで平伏している家来に対し「苦しうない近う寄れ①」だの「もそっと近う②」だのと殿様が言う光景をよく見るが、あれが近づきの原型であろう。日本では、人はおそるおそる近づくのである。その恐れは、地位差をちぢめることの恐れである。対人距離はふつう地位差の表現と考えられているのだ。そこで上位者が「もそっと近う」とさしまねくと、下位者はその許しの真意をおそるおそる計りつつ上位者に近づく。

もっともそれははじめだけのことで、なれ親しむとそれこそ「ふところにはいって」しまう。下位者は上位者の「懐刀」となったり、「側近」となったりする。懐刀とか側近とかは、物理的距離でいえば上位者の耳もとでささやくことのできる人ということである。

*

西洋人の握手や抱擁を私たちがいやらしく感じることのあるのは、肉体の接触を不潔と思うためばかりではない。いきなり手を握ったりすることの「なれなれしさ」に私たちは文化としてなじめないのである。

西洋人は、親愛の表現としていきなり握手し、つまり、物理的にへだたりをとり、さてそのうち、おもむろに相手との距離をとるのである。私たちははじめに距離をとり、しだいに、「なれなれしく」なる。なれなれしさと距離との順番が逆になっているわけだ。西洋では親愛、友愛が社会的タテマエとなっており、日本では、むしろ遠慮が社会的タテマエになっているのである。

もっとも西洋人も、タテマエをはずれたホンネとしては、人とある距離をおく。おかなければ不安になる。だから、握手したあとはさっと身をひくわけだが、ホールという学者の説によると、相手との適当距離は文化によって異なるという。たとえば、ラテン・アメリカの人は、相手に顔をくっつけるようにしてしゃべる。アメリカ人にはそれがかなわない。「くびに息を吹きかける」とか「ぎゅうぎゅう押してくる」とか「顔にツバを吹きかける」とかいって、ラテン・アメリカ人をたえず非難する。逆にラテン・アメリカ人は北アメリカ人の態度を「よそよそしい、冷たい、引っ込み思案だ、不親切だ」というふうに攻撃する。(エドワード・T・ホール③『沈黙のことば』)

日本人はどうか。適切な調査研究がないので厳密なことはいえないが、ラテン型ではないようだ。私たちも北アメリカ人と同じく、「つばがかかる」距離をいやがる。しかし、アメリカ人とちがう点は、親疎高下の瞬間ごとの判断で「へだたり」が大きくなったりちぢまったりする。その変化のはげしさであろう。私たちには普遍妥当の適当距離は社会的に与えられず、それは主観と状況とにゆだねられているようである。昔は身分できまっていたものが、今はもっと複雑な条件を睨んでいなければならない。それだけに、私たちの「へだたり」のとりかたは、微妙で複雑だ。

国や地域の文化による「へだたり」の相違と同時に、たとえば性の文化による「へだたり」の相違がある。わが国ではとりわけこれがいちじるしい。「へだたり」のとれた仲間でも、若い男どうしのばあいは、身体をぶっつけあい、そうして遠ざかったかなりの距離からかなりの大声でからかいあったりする。それが親愛の表現だ。

若い女の行動はこれとは対照的である。「へだたり」の完全な除去、相手の肩や腕への無邪気な接触、手をとりあっての町の散歩、服や小物を交換して身につける、あけひろげな表情でのおしゃべり—これらはすべて親愛の表現である。

テレビ・ドラマを見ていると、若い女が不意に相手に身を投げかけ、泣き伏すという光景によく出あう。相手は異性のこともあり、同性のこともある。これは決定的なへだたりのなさを相手に強要し、融合による慰撫を期待する行動であって、女性に特有のものである。

「懐刀」とか「側近」とかは男の文化であって、このばあいの「へだたり」あるいは「へだたりのなさ」は、社会関係の表現である。女が相手のひざに泣き伏すばあい、この一種強要されたへだたりのなさは、人間関係の表現である。しかも、女に特有の人間関係である。

一方は社会的操作のための距離感覚であり、他方は人間的融合のための距離感覚、あるいは距離感覚の否定である。そして距離感覚とは、一種の空間処理である。

空間はただの空間としてそこにあるのではない。一定の文化が空間をきめているという面もあるし、また、人間が刻々、空間を作りだし、作りだされた空間によって人間関係をきめていっているという面もあるのだ。

✿ 作者: 多田道太郎(ただみちたろう) (1924～2007)

評論家、仏文学者。京都生れ。京都大学卒。『複製芸術論』『遊びと日本人』『ひとが生きている間』『動詞人間学』など。

注

① 苦(くる)しうない近(ちこ)う寄(よ)れ: かまわない、近くへ寄りなさい。今は誰もいないので、あなたが傍にきてもかまいませんよ、近くに来なさい。

② もそっと近(ちこ)う: もう少し近くへ。

③ エドワード・T・ホール(Hall、Edward twitchell)：米国生れ。人類学者、教育学者、作家。

漢字の読み方

計(はか)る	慎重(しんちょう)	家来(けらい)	原型(げんけい)
身近(みぢか)に	相手(あいて)	平伏(へいふく)	殿様(とのさま)
真意(しんい)	懐刀(ふところがたな)	握手(あくしゅ)	側近(そっきん)
抱擁(ほうよう)	握(にぎ)る	順番(じゅんばん)	思案(しあん)
沈黙(ちんもく)	厳密(げんみつ)	瞬間(しゅんかん)	身分(みぶん)
睨(にら)む	微妙(びみょう)	除去(じょきょ)	無邪気(むじゃき)
小物(こもの)	泣(な)き伏(ふ)す	慰撫(いぶ)	強要(きょうよう)
操作(そうさ)			

文型

(1) 大講堂かなにかで壁ぎわまで教師の声のとどかないような時には、事態はもう少しこみいってくる。

・遺産に関する質問です。少し事情が込みいっています。

・交換留学の手続きをしようと思うと、その書類作成はかなり込みいっており、かつ量も多いです。

・彼には込みいった事情があるようだ。

・ちょっと込みいった話なのですが、皆様のご意見をお聞かせ下さい。

(2) 教師はなるべく学生たちに身近に来てほしい。

・夕方までには必ず連絡をしてほしい。
・両親にもよろしく伝えてほしい。
・あまりなれなれしくしないでほしい。
・必要なものがあれば前もって言ってほしいと伝えてください。
・今度の試合こそは負けないでほしい。

(3)「くびに息を吹きかける」とか「ぎゅうぎゅう押してくる」とか「顔にツバを吹きかける」とかいって、ラテン・アメリカ人をたえず非難する。

・古い品物を「これは珍品だ」とかいって、売り出すのはやめてください。
・母は健康のためとかいって、何にでも酢を入れる。
・やるやるとか言って、結局やらずに終わる。

熟語

身を引く　　身につける

お正月

森田たま

子供の時の思い出の、数かぎりなくある中で、一ばんたのしいのはお正月の思い出である。私はいまでもお正月が大好きだけれども、子供の時はまるで一年じゅうお正月の事ばかり考えて、日の経つのを待っているようなものであった。私の生まれた札幌では、お正月は冬のまん中で、まっ白な雪が野も山も家も人も、埋めつくしている季節である。雪の中に門松をたて、雪の中に日の丸の旗をかかげる。そうして私たち子供は、黒の木綿の紋付に、えび茶の袴をはいて、学校の拝賀式へ行くのであった。

元旦の朝は、いつも殆んど晴天にきまっていた。たった一度だけ、雨が降って非常に暖かな事があったが、その時はすこしもお正月らしい気がしなくてたのしくなかった。元日の朝は空がとぎ出したようにあおく晴れているのがよい。そういう朝は寒さがきびしくて、学校へ行くのに頬辺がまっかになってしまうのだけれど、身うちのひきしまるような寒気に耐えながら、木綿の紋付を着て、日の丸の旗の下をくぐってゆくのは、何か凛然とした気持で、うれしかった。雪の中にたてられた門松のみどりは、沁みいるように鮮やかであった。

学校から帰ってくると、東京の子供はそとで羽根をついて遊べるけれども私たちはそういうわけにはいかないので、家の中で羽根をついた。大きなストーブのある部屋は、十二畳のひろさだったので、姉や女中たちと追羽根をついて遊んだが、すこし高くつくとすぐ天井につかえるので、そとへ出て思う存分羽根のつける内地の子供を、うらやましいと思った事もある。

羽根にあきると、今度は縁側へ出て毛毬をついて遊んだ。おかあさんが、とうすみをしんにして、五色の糸でかがってくれた毬を、お正月ごとに新しくおろして、それのつき初めをするのであった。毬にあきるとすご六をやり福笑いをやり、夜はいろはかるたをとって、夜のふけるまで遊びほおけていても、叱られないのがうれしかった。

二日は買いぞめで、この日の朝は、北海道じゅうからあつまってきたのかと思われるばかり、道という道は殆んど馬橇に埋めつくされて、人間はそのあいだをあちらに逢いこちらに避けて歩かねばならない。お元日の晩から夜あかしで、近郊から出かけてきたお百姓さんたちで、馬は賑やかにかざりのついた被いを着せられ、じゃらんじゃらんと新しい鈴を鳴らしてあつまってくるのである。呉服屋の前には、前夜から黒山のような人の群で、午前一時というのに店の戸をあけるー せいにお客がなだれこむ。そのお客たちには、大黒さまのはいった福袋があたるというので、縁起をかつぐ連中が、今年の運をあてようと死にもの狂いでなだれこむのであった。

ひる前になり、うらうらと暖かく陽のさす頃になると、近郊から出て来た馬橇は、買いものをすまし、餅花などをかざして帰ってゆく。そこで、今度は私たちが出かけて行くのだが、昨日とは変って、やわらかい紋羽二重の紫地の紋付などを着て、わざっと衿まきひとつしないで出かける。こういう内地のような服装で歩くというのが自慢なのである。私たちの行くのは、文房具店をかねた本屋にきまっていて、そこはつとめ人や学生や女学生でごった返しているのだが、そういう騒ぎの中に友だちの顔を見つけて、挨拶を交すのもたのしみの一つであった。黄八丈の着物の上に、藤色綸子の被布を着た友だちが人波にもまれていた美しさを、いまだにおぼえている。

毎年、お買いぞめには、二つちがいの姉と連れだって行くのだけれど、姉はペン先とかナイフとか、こまかいものを買うだけで、お小遣いは殆んどそっくり残して帰るのに、私はありったけ本を買ってしまい、それでもまだ買いたりなくて困った。うれしかったのは十五の年のお正月で、かねがねほしいと思っていた紅葉全集を、まとめて全部手にいれる事ができたが、二円ほどお金がたりなくって、姉に借りたか、妹に借りたか、とにかく借金をしてまでやっと買った事は、一生身にしみて忘れられない。

さて、二日は買いぞめから帰ってくると、私は早速買ってきた本にくいついてしまって、どんな遊び事もふり向かないので姉や妹からいやがられた。かるたを取る時は人数が足りないので、どうしても入らなければならない。私は読みさしの本に心を残して、しぶしぶかるたの仲間入りをして、昨夜はあんなに面白かったのに、今夜はすこしも気の乗らない自分の心に、われながらあきれるのであった。そうして二日の晩は初夢をみるのがたのしみで、早く床にはいりたかった。

なかきよのとおのねふりのみなめさめなみのりふねのおとのよきかな

上から読んでも下から読んでも同じ文句のこの歌を、宝船の画のついた紙に書いて、枕の下へ入れて寝ると、きっとよい夢が見られるという。一富士、二鷹、三茄子といって、その三つの夢が一ばんいいのだと教えられ、毎年、今年こそは富士山の夢を見ますようにと念じながら眠ったが、子供の時には一ぺんもそういうめでたい夢にはめぐりあった事がなかった。富士山も鷹もほんものは見た事がなかったのだから、夢にあらわれなかったのも当然のことかもしれない。

お正月のたのしいのは、しかしお雑煮を祝う三ヶ日だけの事で、あとはただの冬休みになってしまうのも、雪国の習いでぜひもない。なぜなら、四日五日頃にはきまって吹雪があり、そうなると友だち同士お互いに訪いつ訪われつして、かるたや双六に興ずる機会も失われて、めいめい家の中の、ストーブの傍に冬籠りするより仕方がないからである。そういう日が二日もつづくと、子供の私たちはもう学校のはじまるのが待たれてならなかった。

学校がはじまれば、吹雪でもそとへ出て行かれる。子供は何といっても家の中の遊びより、そとの遊びの方が性にあっていて、スケートや雪辷りがこの上なく面白かった。三ヶ日がすぎると、袂の長いよそゆきをぬぎ捨てて、ふだんの元禄袖の木綿の着物に着かえ、惜し気なく雪の中をころげまわる。のどがかわくと、軒先のつららを、ぽきぽきと折ってたべる。

つらら噛む子等にあまねく日は晴れて

頬辺をあかくして、私たちはつららを噛んだものであった。そうして子供たちのふところには、必ずみかんがはいっていて、どうかしたはずみにころげ出ると、雪の上にそのオレンジの玉が、いかにもあたたかく、美しく眼に沁みるのであった。雪国には蜜柑がなく、それはただお正月だけの、子供にとっての宝玉だったのである。

森田たま「お正月」『日本の名随筆17 春』
(作品社, 1984)一部引用

✿ 作者: 森田(もりた)たま (1894～1970)

随筆家。北海道札幌生れ。『もめん随筆』など。

漢字の読み方

札幌（さっぽろ）	門松（かどまつ）	木綿（もめん）	紋付（もんつき）
袴（はかま）	頬辺（はおべた）	凛然（りんぜん）	沁みいる（し）
羽根（はね）	縁側（えんがわ）	毛毬（けまり）	馬橇（ばそり）
呉服屋（ごふくや）	福袋（ふくぶくろ）	縁起（えんぎ）	紋羽二重（もんはぶたえ）
紫地（むらさきじ）	衿（えり）	黄八丈（きはちじょう）	藤色綸子（ふじいろりんず）
被布（ひふ）	借金（しゃっきん）	早速（さっそく）	初夢（はつゆめ）
宝船（たからぶね）	鷹（たか）	茄子（なすび）	雑煮（ぞうに）
訪う（と）	双六（すごろく）	冬籠り（ふゆごも）	雪辷り（ゆきすべ）
袂（たもと）	元禄袖（げんろくそで）	蜜柑（みかん）	

文型

(1) 元旦の朝は、いつも殆んど晴天にきまっていた。

- 喧嘩をしたら、多いに体の大きい方が勝つに決まっている。
- 車と人間の衝突では、人間の方が大きなダメージを受けるに決まっている。
- 誰もが、安全でおいしい米を食べたいに決まっている。
- 夏は暑いに決まっている。
- 大阪から名古屋に行くには新幹線に乗るのが便利に決まっている。

(2) そうなると友だち同士互いに訪いつ訪われつして、…

・最近は、与党と野党が支持率40％前後で抜きつ抜かれつしている。

・きれいな蝶々が、追いつ追われつして、道案内をしてくれた。

・満員電車の中で押しつ押されつ、いつも授業前から疲れている。

・嵐の波間に小舟が見えつ隠れつしている。

(3) そういう日が二日もつづくと、子供の私たちはもう学校のはじまるのが待たれてならなかった。

・景気浮揚のために市場に手を入れるのは時代錯誤的な発想と思えてならない。

・休みになると、いつも海外に出かける友達が羨ましくてならない。

・病気の子供が元気になったことが母親にはうれしくてならない。

・震災で親を亡くした子供たちが気の毒でならない。

・あの優秀な岡本君が進学を諦めるなんて残念でならない。

(4) そとの遊びの方が性にあっていて、スケートや雪辷りがこの上なく面白かった。

・目の不自由な人にとって、耳から聴くラジオ放送はこの上なくありがたい。

・地方の田園地帯を車で走るのは、この上なく気持ちいい。

・携帯電話は使う側にとってはこの上なく便利だが、他人の生活のリズムを乱しがちである。

・宿が見つからなくて困っていたぼくたちに、地元の人はこの上なく親切だった。

第二十二課

朝茶

千代芳子

朝早い旅立ちのとき、たとえご飯は食べなくとも、匂い立つ朝茶をいただく。

「朝茶は七難かくす」ともいわれて、縁起のいい飲み物。旅立ちのときは特に気をつけて、お茶の中に梅干しを入れて飲ませる家もある。一杯のお茶が心をさわやかにし、時間を気にする慌ただしい朝、ゆっくりと気持を落ち着かせる効用もある。

一日のいちばん初めに汲む水は、聖なる水。その水に、薬効のあるお茶を入れて飲むと、薬効と聖なる力を、ともども身に受けることになる。

そんな話をいつか若い人にしたら、「じゃあ、このごろはコーヒーを飲む家が多いが、どうなんですか」と言われた。

「コーヒーや紅茶もお茶のうちだから、いっしょでしょ。気持のゆとりの問題よ」と答えておいた。そういえば、私の子供たちの家庭も、朝はみんなコーヒーだ。

ことわざも、生活の仕様が変わってしまい、もう、ことわざとして実際に役に立たず、こんな時代もあったという、名残のメッセージのようなものが、だんだん多くなってゆく。

はじめちょろちょろ、中ぱっぱ、赤子泣くとも蓋とるな

これは、かまどでご飯を炊いていたころの、知識もかねた代表的な言い伝え。しかし、電気釜の今では、全然、役に立たない。

親の意見となすびの花は、千に一つも徒がない。

これも今は、親も過保護か、ほっぱらかしかで、しぶいご意見なんぞ言える親のほうも少なくなってしまった。子供だって、親の苦い意見が将来実を結ぶこやしになることを、忘れてしまっているようだ。

朝のお茶によらず、昔の人は、生活の中にひとつずつうまくクッションをおくことを考えている。それも、気持と物を組み合わせ、調和させている。

たとえば、火鉢を使っていた時代、夜寝るとき、火鉢の灰をかきならして、火のないことを確かめたうえで、もう火はありませんとの火伏せのおまじないとして、火箸をX印にして立てておいた。また、やかんや鉢瓶には、かならず水をいっぱいにして火鉢の上に置いた。だから私は、今はガスこんろになったけれど、毎晩夜寝るとき、かならず二つのやかんに水を入れてからやすむ。

朝茶から、夜の火伏せのおまじないまで、暮らしのリズムは、規則正しく動いていた。

千代芳子「朝茶」『日本の名随筆24 茶』
(作品社, 1984)一部引用

✿ 作者: 千代芳子(せんだいよしこ) (1926〜)

随筆家。季節や暦、風習と生活文化を表現。『女の心仕事—暮らしの12か月』、共著『金沢味の回季』など。

漢字の読み方

旅立ち(たびだ)	匂い(にお)	縁起(えんぎ)	慌ただしい(あわ)
効用(こうよう)	汲む(く)	薬効(やっこう)	聖なる(せい)
仕様(しよう)	名残(なごり)	蓋(ふた)	全然(ぜんぜん)
炊く(た)	過保護(かほご)	組み合わせ(くあ)	調和(ちょうわ)
火鉢(ひばち)	火伏せ(ひぶ)	規則(きそく)	

文型

(1) たとえご飯は食べなくとも、匂い立つ朝茶をいただく。

・たとえ失敗しようとも、やると決めたことは実行する。

・どんなに苦しくとも、最後まで諦めないで頑張るつもりだ。

・どんなに非難されようともかまわない。

・何もなくともあなたといる。

(2)「コーヒーや紅茶もお茶のうちだから、いっしょでしょ。気持のゆとりの問題よ」と答えておいた。

・スペインに行く前にスペイン語を習っておくつもりだ。

・この計画は母には内緒にしておこう。

・帰るとき窓は開けておいてください。

・このワインは冷たい方がいいから、飲むときまで冷蔵庫に入れておくよ。

(3) 子供だって、親の苦い意見が将来実を結ぶこやしになることを、忘れてしまっているようだ。

・先生だって間違うことはある。

・だれにだって一つや二つは秘密がある。

・医者だって風邪ぐらいはひきます。

・あれくらいのことなら私だってできると思いますよ。

(4) 朝のお茶によらず、昔の人は、生活の中にひとつずつうまくクッションをおくことを考えている。

・この会社では、性別や年齢によらず、能力のあるなしによって評価される。

・彼女は見かけによらず頑張りやだ。

・その問題は武力によらず平和のうちに解決された。

・何事によらず盲信することは危険である。

第二十三課

天声人語

深代惇郎

お金とスープ

外国人による日本語弁論大会を、ラジオで聞いた。さすが入選者だけあって、いずれもみごとなスピーチだ。それを聞きながら、外人の日本語を聞くことは、日本人が外国語を話すときの参考にもなる、と思った。

ただペラペラと外国語をあやつる人を見ると、何となく違和感がある。流ちょうでなくとも、言葉をえらび、正しい話し方をする人に魅力が感じられる。話の内容が豊かで、具体的で、論理的であることが何よりの力となる。外国を理解するには善意が必要であること。ユーモアのない話は、ほとんどスピーチに値しないこと。そうしたことも、この弁論大会は教えてくれた。

「やっぱりわからないこと」と題したパキスタンの弁士は、その例に、大家さんの奥さんの話をした。米価値上げについてのテレビ討論会に出るため、その奥さんはドレスとネックレスを買い、美容院でおめかしした。しめて十二万三千六百円。テレビの画面では「お米が上がったら食べていけません」と農林大臣につめ寄っていた。この家のゴミ箱には、ポリ袋に入れた残飯がいつもたくさん捨ててあるという話。

一位になった中国人学生は「日本のお風呂」について、「銭湯」といわれたとき、中国語から「お金とスープ」を連想した。はじめはヌーディスト·クラブに行ったような気分だったが、いまは銭湯ファンになっている。それにしても、鼻歌まじりに湯ぶねにつかる日本人と、満員電車で目を三角にしている日本人とは、とても同じ日本人とは思えないといっていた。

親となる

「私は受験をひかえている花の中学三年生です」という少女からお手紙をもらった。トマトの絵入りの可愛い便せんに「天声人語と社説を、どうか夏休みの間お休みにして下さいませんか」と、誤字のない筆で書いてあった。

この「花の中学三年生」は夏休みの宿題に、毎日、「天声人語」と「社説」の要約、字句解釈をやらねばならない。ところが、いくら読んでも何が書いてあるのか分からない日がある。一日に二時間以上もかかるときがある。「どうかお休みにして下さい」という切々たる訴えが、コラム子を悩ませる。

夏休みの最後を思う存分、海や山で遊びたいのだろう。それを毎日、辞書と首っ引きでこのコラムと向かい合っている姿を想像すると、何だか申し訳ない気待ちになる。と同時に、彼女が「分からない」のはなぜだろうと考える。分からない言葉に出会ったら、辞書を引けばよいはずなのに。

おそらく彼女が二時間も取り組んで分からないときがあるのは、漢字や熟語の難しさのためばかりではあるまい。文中で論理が飛躍したところ、発想が転換したところ、問題が急に抽象化されたところでつまずくのではあるまいか。こちらの表現や問題の整理の仕方に上手があるのかも知れぬが、読む方の知識や読解力の問題もあるにちがいない。たとえばパレスチナ·ゲリラにしても、インフレにしても、言葉をやさしく、やさしくして、「眉」を「目の上に生えた毛」というたぐいに言いかえても、分からないことに変わりはない。

それに日本語は複雑で、微妙で、難解なところがある。劇作家宇野信夫

①氏が「親になる」と「親となる」という言葉の違いを書いた文を、読んだことがある。子を産めば「親になる」から犬ネコでも出来ることだが、親といわれるような「親となる」のは難しい。「に」と「と」で意味ががらりと違ってくる。

こうしたことは、多分、辞書を引いても見つかるまい。文意を正確に読むことも難しいが、文を味わうこともまた難しい。

✿ 作者: 深代惇郎（ふかしろじゅんろう） (1929～1975)

東京生れ。東京大学卒。朝日新聞入社、1973年2月～1975年11月まで『天声人語』執筆。

注

＊天声人語: 朝日新聞 column
vox populi、vox Dei（民の声は神の声）、また「天あり声をして語らしむ」に由来。

① 宇野信夫（うののぶお）(1904～1991): 劇作家、演出家。歌舞伎・狂言作者。

漢字の読み方

違和感（いわかん）	善意（ぜんい）	値する（あたいする）	弁士（べんし）
大家さん（おおやさん）	米価（べいか）	値上げ（ねあげ）	農林（のうりん）

大臣(だいじん)	残飯(ざんぱん)	銭湯(せんとう)	鼻歌(はなうた)
誤字(ごじ)	切々(せつせつ)たる	訴(うった)える	悩(なや)ませる
存分(ぞんぶん)	首(くび)っ引(ぴ)き	熟語(じゅくご)	飛躍(ひやく)
発想(はっそう)	眉(まゆ)	生(は)える	難解(なんかい)
産(う)む			

文型

(1) いくら読んでも何が書いてあるのか分からない日がある。

- 朝はいくら早く起きようと思ってもなかなか起きられません。
- 木村さんはいくら遅くても3時までにはここに来ると言っていました。
- バイキング料理はいくら食べてもかまいませんので、たくさん食べてください。
- 私はお酒を飲むとすぐ顔が赤くなりますが、友だちはいくら飲んでも赤くなりません。
- いくら高くても必要な物は買わなければなりません。

(2) 分からない言葉に出会ったら、辞書を引けばよいはずなのに。

- この車の流れだと、目的地まで予定時間に着くはずです。
- この問題は少し考えれば解けるはずです。
- きょうの空模様から見ると、あしたも晴れるはずです。
- 田中さんはこちらに5年もいますから、もう韓国語には困らないはずです。
- 最近は行楽の秋ですから、どこへ行っても混んでいるはずです。

(3) おそらく彼女が二時間も取り組んで分からないときがあるのは、漢字や熟語の難しさのためばかりではあるまい。

- 西村さんはさかなが嫌いだから、すしなど食べたがるまい。
- この討論会の様子では時間通りに終るまい。
- 森さんは一度決めたことはどんな事があっても途中で放棄する人ではあるまい。
- あそこへは二度と行くまい。

熟語

目を三角にする　　首っ引き　　文を味わう

第二十四課

無精な旅人

庄野潤三

時々、新聞を見ていると、東京からそんなに遠くなくて、あまり人に知られていない、静かでいい温泉の紹介が出ていることがある。

どこそこから何線に乗って、何という駅で降りて、何行きのバスに乗って所要時間はどのくらい、歩いて約何分という風に道順が書いてある。

なるほど、そういうところに温泉があるのかと私は思い、それなら割合に気軽に行けそうな気がして、忘れずに覚えておこうと考える。ところが、忘れずに覚えておくつもりでいても、何時の間にやら忘れてしまって、現にこの原稿を書くために、そのうちのひとつか二つでも思い出してみようとしても、ちっとも頭に浮んで来ないのである。

やはりああいう記事を読んだ時は、その場で切抜いてスクラップ・ブックに貼りつけておかないと駄目らしい。

ところが、それをしないというのは、私が無精なことにもよるが、もうひとつは差当っていついつ頃にどこか、そういう温泉へ行こうという必要に迫られていないために、つい読み過してしまうことになる。

「ああ、ここはよさそうだな。いかにも鄙びていて、人情のある人が住んでいそうな村だ」

そんなことを考えて、道順をもう一度読み直し、よく頭に入れておこうと思って、それきりになってしまう。

旅馴れた人なら、こういう時にどうするのだろう。鞄に本を二三冊と原稿用紙と字引を入れて、ポストへ葉書を入れに行くような風に家を出かけるのだろうか。

私は鄙びた温泉で、宿屋の人もいい人で、宴会の客が来る心配もなくて、山の物を食膳に出してくれて、仕事に飽きたら散歩するのにいい川が近くにあるようなところへ出かけて行きたいと、いつも心で考えている。しかし、そういう理想的な温泉宿へ行って、実際に小説をひとつ書き上げて、帰って来ることが出来るかどうかという点になると、さっぱり自信がない。

多分、私は原稿用紙なんか持って来るのではなかったと後悔するのではないだろうか。家にいてもなかなか思うように進まない小説の仕事が、旅先でそんなに調子よく書ける筈がないのに、欲張ってこんなに鞄に入れて来たのが、そもそもの間違いであったと思うだろう。

そうして、仕事をしようなどと考えずに、ただこの温泉宿でぼんやりと時間を過して、それだけで満足すべきであったと反省するに違いない。何かせずには居られない。というよりも、いつも何かしていなくてはいけないと思うのが、現代に生きているわれわれの癖で、それは無理がないといえば無理がないのだが、温泉へ行った時くらいは、この強迫観念から解放されて、それこそ無為をたのしむのがいいのである。

むしろ、何かしてはいけないのだと思った方がいい。

寝ころんで、ぼかんとしている。眠ってやろうと思う必要はない。もし眠気を催せば眠るし、眠くなかったら天井を見上げて、役に立たないことを次から次へと考えていればよい。

湯へ入るのが好きなら、何べんでも手拭をさげて廊下を歩いて、階段を下りて、浴室へ行く。しかし家にいても二分か三分しか風呂につかっていられない人が、温泉へ来たから一回でもよけいにつからなくては、と考えることはない。

散歩も無理にしなければならないというものではなくて、歩いてみたくならなかったら、外へ出て行かなくてもいい。部屋の窓の手すりから前の道を見下して、犬が一匹歩いているなら、その犬がどこへ行くのか、見ていればよい。

夕飯の時に酒を一本飲むか、二本飲むか、それとももっと飲むか、始めはビールを一本だけ飲んで、あとは酒に切替えるか、そういうことを前もってあまりきちんきちんと考えずに、出たとこ勝負にして、心を空しゅうして夕飯の時間を待つのがよい。

しかし、女中か番頭が来たときに、

「この辺の地酒がありますか。もし辛口の酒があったら、その方がいいんだ」

というようなことを聞いてみるのもよい。

しかし、もし辛口の地酒が運悪く無かったとしても、悲観してはいけない。酒は宿屋で取っているものを飲めばよいので、どういう酒に行き当るかというのは、これもひとつの運命で、甘口の酒に当ったとして、もう取返しのつかないように思うのはよくない。

また、酒のさかなにこのあたりで採れる山菜をほしいと思っても、宿屋に着くか着かないうちから、

「山菜はある? ワラビとか、ゼンマイとかそういうのない? タラの芽は?」

などと、せき込んで宿の人に尋ねるのはよくない。

その宿の裏山にワラビやゼンマイが生えていたら、出してくれるだろう。タラの木が生えていたら、タラの芽をぬたにしたり、天ぷらにして出してくれるだろう。それも運命のようなもので、山菜がなかったらこの旅行もぶちこわしなどと、極端なことは考えない方がよい。

また、ヤマメを食べたいという気持でその宿屋へ来たにしても、ヤマメ、ヤマメと騒ぎ立てるのはよくない。川があればヤマメは泳いでいる。そうして、もし運悪くヤマメがその日に限って一尾もかからなかったら、それで万事休すと思ったりしない方がいい。

旅に出かけて、何ごとも理想通りに行くように考えるのは、考えてみればどこか間違っている。ふだんの暮しでも、うまい具合にゆくこととゆかないことがあって、

「しまった。ああすればよかった」

と思ったり、

「まずいことになったぞ。どうしよう」

と思ったりすることが多いので、万事上首尾というわけにはゆかないものである。

温泉へ行って一晩泊るのも人生のうちで、旅行の時だけ何でも思い通りにゆくようにと望むのは間違っている。

もし、その温泉が何となくよさそうな気がして出かけたのであれば、数ある温泉の中からその温泉に心を惹かれたというだけの何かがあったからで、これも縁のようなものではないか。

人情味のある宿屋に泊りたいという気持は、誰しも同じであるが、ふだん不人情なことを平気でしていて何とも思わない人間が、温泉へ行く時だけ人情味を求めるのは無理な話である。人情というのは、旅先だけで出会うものではなく、人情をいつも心で大事にしている人なら、東京の街を歩いていても出会う時には出会うものだ。

チェーホフ①の小説に、

「何事も神様のみ心でさあ」

という馭者が出て来る。

われわれがどこかの温泉へ出かけて行って、いつまでも懐しく思い出され

るような旅となるかどうかは、これも神様のみ心であると思いたい。

しかし、こういう埒もないことを考えて、ひとりで楽しむことが出来るのも、日本に今でもまだいい温泉があるからで、仕合せなことである。

✿ 作者: 庄野潤三（しょうのじゅんぞう） (1921～2009)

小説家。大阪府生れ。大阪外国語大学・九州大学卒。『プールサイド小景』『ガンビア滞在記』『静物』『道』など。

注

① チェーホフ(chckhov, anton pavlovich, 1860～1904): ロシアの作家、戯曲家。『ともしび』『草原』『谷間』『三人姉妹』『桜の園』など。

漢字の読み方

無精（ぶしょう）	何行（なにゆ）き	道順（みちじゅん）	割合（わりあい）
気軽（きがる）	何時（いつ）の間（ま）に	切（き）り抜（ぬ）く	駄目（だめ）
迫（せま）る	鄙（ひな）びる	馴（な）れる	鞄（かばん）
葉書（はがき）	宿屋（やどや）	食膳（しょくぜん）	飽（あ）く
筈（はず）	欲張（よくば）る	癖（くせ）	強迫観念（きょうはくかんねん）
無為（むい）	眠気（ねむけ）	催（もよお）す	手拭（てぬぐい）

見下す(みおろす)	空しい(むなしい)	女中(じょちゅう)	番頭(ばんとう)
地酒(じざけ)	辛口(からくち)	甘口(あまくち)	採る(と)
一尾(いちび)	万事休す(ばんじきゅう)	上首尾(じょうしゅび)	惹く(ひ)
人情味(にんじょうみ)	街(まち)	何事(なにごと)	馭者(ぎょしゃ)
懐しい(なつか)	仕合せ(しあわ)		

文型

(1) ……そういう温泉へ行こうという必要に迫られていないために、つい読み過してしまうことになる。

・きのうは忙しくて友達との約束をつい忘れてしまいました。

・最近食欲の秋のせいか、つい食べ過ぎてしまいます。

・友だちから借りた小説がおもしろくて、つい朝まで読んでしまいました。

・バーゲンに行くと、買わなくてもいい物までつい買ってしまうことがあります。

・久しぶりに友だちと会って話していると、つい時間の経つのを忘れてしまうものです。

(2) 何かせずには居られない、というよりも、いつも何かしていなくてはいけないと思うのが……

・これだけは金さんに話さずにはいられません。

・いくら太るといってもこんなおいしい物は食べずにはいられません。

・これはだれが見ても笑わずにはいられないコメディーです。

・現代は環境問題について真剣に考えずにはいられない世の中です。
・きょう買った小説はとてもおもしろくて最後まで読まずにはいられません。

(3) 宿屋に着くか着かないうちから、「山菜はある? ワラビとか、ゼンマイとかそういうのない? タラの芽は?」などとせき込んで宿の人に尋ねるのはよくない。
・今朝は起きるか起きないうちに国際電話がかかってきました。
・私はきのう疲れていたので横になるかならないうちに寝てしまいました。
・私のうちは大家族なので母が果物でもお菓子でもなんでも出すか出さないうちになくなってしまいます。
・朴さんはきょう約束があるのか勤務時間が終るか終らないうちに帰る準備をしています。

熟語

出たとこ勝負　取返しがつかない　万事休す　万事上首尾
埒もない

일본어원서이해

초판 1쇄 발행 2013년 2월 28일
초판 2쇄 발행 2014년 2월 28일
초판 3쇄 발행 2015년 2월 25일
초판 4쇄 발행 2016년 8월 30일
초판 5쇄 발행 2018년 2월 20일
초판 6쇄 발행 2019년 3월 11일
초판 7쇄 발행 2022년 2월 28일

지은이 한국외국어대학교 일본학술도서편찬위원회
발행인 고윤성 Director, University Knowledge Press
편집장 신선호 Executive Knowledge Contents Creator
도서편집 이근영 Contents Creator
장혜정 Contents Creator
재무관리 조아라 Managing Creator
정윤경 Managing Creator
전자책 · 사전 장지혜 Contents Creator
발행처 한국외국어대학교 지식출판콘텐츠원
02450 서울특별시 동대문구 이문로 107
전화 02)2173-2493~7
FAX 02)2173-3363
홈페이지 http://press.hufs.ac.kr
전자우편 press@hufs.ac.kr
출판등록 제6-6호(1969. 4. 30)
디자인 · 편집 (주)이환디앤비 02)2254-4301
인쇄 · 제본 (주)케이랩 02)583-6885

ISBN 978-89-7464-825-1 13730 정가 13,000원

* 잘못된 책은 교환하여 드립니다.

HU:NE 은 한국외국어대학교 지식출판콘텐츠원의 어학도서, 사회과학도서, 지역학 도서 Sub Brand이다. 한국외대의 영문명인 HUFS, 현명한 국제전문가 양성(International+Intelligent)의 의미를 담고 있으며, 휴인(携引)의 뜻인 '이끌다, 끌고 나가다'라는 의미처럼 출판계를 이끄는 리더로서, 혁신의 이미지를 담고 있다.